AF450927

# Hidalgo
## Un pedacito de mi patria

José Luis Trejo García

EDIQUID

HIDALGO
Un pedacito de mi patria
© José Luis Trejo García

Editado por: Corporación Ígneo, S.A.C.
para su sello editorial Ediquid
José Olaya 169, Ofic. 504, Miraflores. Lima, Perú
Primera edición, septiembre, 2024

ISBN: 978-612-5160-38-6
Tiraje: 50 ejemplares

Hecho el Depósito Legal en la Biblioteca Nacional del Perú N° 2024-07829
Se terminó de imprimir en septiembre del 2024 en:
ALEPH IMPRESIONES SRL
Jr. Risso Nro. 580 Lince, Lima

www.grupoigneo.com
Correo electrónico: contacto@grupoigneo.com | Teléfono: +51 955 071 270
Facebook: Grupo Ígneo | X: @editorialigneo | Instagram: @grupoigneo



Obra de la portada
Título: Hidalgo en las venas
Autora: Montserrat Trejo Santos

Colección: Nuevas Voces

# Contenido

*Si orgullo es ser mexicano...*
*Imagínense ser hidalguense.*
*Al mejor presidente que este país*
*pudo tener en las últimas décadas,*
*Lic. Andrés Manuel López Obrador.*
*Ante la revolución de las conciencias,*
*juntos haremos historia...*

# Agradecimientos

Antes que nada, agradezco a la vida por permitirme tener la salud, la capacidad y la habilidad para crear poesía. A mi señor padre, José Luis T. Trejo, a quien le debo la enseñanza, la disciplina y la fe en mí mismo.

A mi pareja y familia en general, por el apoyo incondicional para lograr mis sueños.

A mi casa editorial, por creer en mi proyecto, y a los editores y diseñadores que hicieron de este material algo hermoso para quienes va dirigido.

A mi bendita tierra Huichapan, ciudad de los mártires de la libertad, por impulsar mi carrera como escritor.

A mi estado, Hidalgo, por darme la oportunidad de hablar sobre cada uno de sus 84 municipios.

A mis profesores de vida y formación profesional, maestra Lidia, Carmen, Yolanda, profesor Antonio Lara Nogal, profesor Roberto Jiménez, Ing. Napoleón Gómez Balbuena y comunidad universitaria.

A mis compañeros de generación, Leopoldo, Omar, Francisco, quienes siempre apoyaron mis proyectos.

Al presidente de la República Mexicana, Andrés Manuel López Obrador, por demostrarle al pueblo de México el fiel oficio de la política al servicio de los más vulnerables.

Y principalmente a cada uno de los que creyeron en mí, pero con mejor reconocimiento a los que no. Gracias.

# Presentación

El estado de Hidalgo es un estado rico en todos los sentidos, con una diversidad cultural colosal. La historia le ha dejado andares gigantescos que son imposibles de olvidar. Es un estado rico en su flora y su fauna, en su arquitectura y tradiciones, un estado con sabor exquisito en sus platillos, propios de cada una de sus comunidades y municipios. Es un lugar donde se forjará la patria, un lugar donde se escribió la historia. Grandes personajes nacieron aquí, personajes que en nombre de la patria vertieron su sangre, sin importarles el sacrificio y el sufrimiento. Personajes que siempre encontraron un motivo para luchar, ya fuera contra los mismos de su suelo por traición, como ante las filas usurpadoras del invasor. Es un estado que no conoce el miedo, que no sabe de perdón, por ello no quiere el olvido, no lo merece. Las nuevas generaciones tienen que saber que aquí, en Hidalgo, hombres y mujeres valientes se dieron, y que gracias a ellos el estado se conformó.

Este estado es nuestra casa y, como tal, se debe cuidar, defender y respetar. Nadie mejor que los que aquí vivimos debemos conocerlo. Sitiado casi al centro, como un corazón, es del país, tierra brava, de trabajo, de lealtad y de honor.

Nuestros ancestros se esforzaron en darle un nombre, en darle un significado, en forjar su libertad en el hierro de cada fusil con el que a este suelo se le defendió, en labrar su historia en cada piedra que nuestros artesanos colocaron con sangre y sudor, en dejarle un legado, para que muchos sientan a través de sí mismos el orgullo de ser hidalguense. Dejó poetas, pintores y diversos artistas para colorear su entorno. ¡No lo desperdicies! Esta tierra es de todos.

# Direcciones

**A los padres:** La importancia de conocer las raíces y su historia es fundamental para nuestros hijos. Conocer, descubrir y admirar de dónde provienen nuestros linajes es importante para formar seres sensibles y amorosos hacia la patria, a ellos mismos y al prójimo. El clasismo es un cáncer generado por nuestra propia ignorancia, resultado atroz de nuestra falta de cultura y de nuestra mediocre conformidad. No hay hecho, por bueno o malo que fuera, que merezca el olvido. Por ello, nuestra ardua labor es fomentar la lectura comenzando por nosotros mismos como base del ejemplo. La enseñanza de los valores y la coherencia de nuestras acciones son de vital importancia para el desarrollo de nuestros hijos. La base de toda sociedad comienza en casa; educar con amor y no con violencia genera hijos sanos emocionalmente. Se debe tener constancia en nuestras acciones, disciplina y un enorme sacrificio para lograr que el futuro de ellos sea favorable en su vida y en la de la nación.

Es verdad que para lograr esto se necesitan años de ardua dedicación, pero si no educamos correctamente, el futuro de la humanidad estará en declive. Es importante enseñarles el amor por la vida y el respeto por ellos mismos; educar con responsabilidad y trabajo. Hacer a un infante útil es la manera más productiva de asegurar su futuro. Enseñarles un oficio es indispensable para su desarrollo; inculcarles el interés por la lectura es una herramienta suficiente para expandir sus horizontes. Menos televisión y más lectura, menos videojuegos y más actividades en familia, menos consumo de costumbres extranjeras y más conocimiento de su tierra, de su historia, de su propia vida. Ser productivo es una manera de crecimiento; *una mente que no se ocupa... es una mente que preocupa.*

Decimos amar a nuestros hijos, sin antes conocer el significado de esta palabra para nosotros mismos. Dejamos que los eduque la tecnología en algunos casos, y en otros premiamos de más los logros que, por ende, son obligación para su desarrollo. Debemos salvar a la humanidad, dejar de lado las fantocherías y tomar las riendas decisivas para un mejor mañana, manejar las cosas con carácter sin ser tan permisivos. Somos la primera generación de padres que le teme a sus hijos. El amor y el cariño no son un producto negociable. Lo importante de esto es que estamos a tiempo.

Este libro pretende rescatar algo de lo más significativo de nuestro estado. Si bien no me alcanzan las letras para describirlo, procuré tomar en resumen puntos específicos para el desarrollo de este. Este material no solo es para los jóvenes y niños, es también para docentes y, sin duda, para ustedes, los padres o tutores. Conocer la identidad de nuestros pueblos es una obligación patriótica. Por ello, hago hincapié en que una persona libre debe tener tres principios fundamentales en su desarrollo social. Primero, criterio; que no es más que el resultado de nuestra educación. Una persona con criterio es libre y dueña de sí misma, incorruptible e indestructible. Segundo, patria; que tiene que ver con ese respeto a nuestras etnias, raíces y costumbres, con ese amor a nuestra historia, a nuestra cultura, con ese orgullo de sentirte mexicano, que no es otra cosa que un honorable ser que sabe de trabajo, orgullo de sus lenguas nativas, de sí mismo. Por ello, en este material se trató de fomentar nuestra lengua madre del estado de Hidalgo. Tercero y último punto, fe; que no es otra cosa que el respeto por nosotros mismos como imagen y centro del todo, comenzando por creer en nosotros antes que en cualquier deidad.

**A los docentes:** Una de las profesiones más nobles del mundo es la docencia, pues el arte de enseñar a otro es más que una responsabilidad, un trabajo que requiere dedicación y carácter. Por ello, la labor que desempeñan es más que necesaria e importante para todos los que pertenecen a una sociedad. Si bien la escuela es el segundo hogar de todos, y los profesores son como nuestros segundos padres, a medida que han pasado las décadas, existe una desvalorización injusta para quienes enseñan, producto de una mala guía desde casa. Soy consciente de que al profesor ya no se le ve en algunos casos como aquel representante justo y honorable. Creer que el profesor es un amigo es bueno, siempre y cuando se respeten los límites. La historia nos ha demostrado que el maestro es el fundador de los nuevos prospectos intelectuales del futuro, porque un maestro forma desde las bases a hombres y mujeres productivos. Por ello, el maestro merece el respeto, inclusive más que un político, sacerdote o líder social. Si bien los tiempos cambian, al igual que la manera de educar, la labor que desempeñan ustedes es la principal causante de seres libres, de seres honestos e independientes, de águilas y no de gallinas, como dijera Miguel Cornejo en su conferencia. Pero más aún, son responsables de crear humanos pensantes y no gusanos. La ignorancia es el cáncer que flagela a nuestro México. Debido a ella, se han desplazado seres libres y se han creado seres conformes y mediocres que no sienten interés por el día a día de su país, de su comunidad, de su hogar, culpando siempre al gobierno, a las instituciones, a ustedes como maestros. Si bien el neoliberalismo que flageló a este país por más de treinta años nos dejó como resultado a personas clasistas, insensibles y retrógradas, es el momento de cambiar el rumbo, la dirección, abrir camino con la buena educación y la enseñanza de valores, si es que queremos un mañana mejor.

Este proyecto nace gracias a un poema llamado «Yo soy Huichapan», en colaboración con mi padre, en abril de 2014. Nace como una irreverencia ante aquellos que creían que este país era como Suecia, sin mirar el trasfondo triste y amargo al que fue llevado por las malas prácticas y la corrupción. En el concurso donde se presentó, fue ultrajado, cambiado a propósito para su eminente derrota. Todo parecía indicar que aquel poema sería sepultado en el olvido, pero entonces recordé las palabras de un profesor de secundaria, Yolanda Otero Trejo: «Los valientes no nacieron para estar de rodillas, usted es diferente, haga lo diferente». Estas palabras calaron tanto en mi espíritu que, en lugar de correr a esconder mi vergüenza por ser diferente, pensé en concluir no solo un poema, sino los 84 totales de mi estado. Siempre influenciado por la educación de mi padre, además de su disciplina, noté la valiosa existencia de profesores desde artísticas hasta historia, inclusive de matemáticas. El profesor Albertina me incitaba a nunca dejar de escribir, siempre regalándome cuadernos y plumas; Antonio Lara, con su única manera de narrar la historia, algo así como una enciclopedia humana; el profesor Víctor Rivera, que en artística me enseñó el arte de ordenar mis primeros sonetos y convencerme de que mi poesía era el reflejo de mi alma, libre; a mi maestra en primaria, Berta, que me enseñó que la lectura es el universo mismo para viajar gratis, que la disciplina es primordial para escribir; a mi maestra de primer grado, Lidia, quien me enseñó el valor de la lectura y el conocimiento de las letras; a mi maestra Carmen de quinto grado, que me ayudó en mi etapa más difícil; a Yolanda de sexto año, quien me dejaba crecer en ocasiones dando la clase de historia; a mis maestros de preparatoria, Roberto en literatura y Silvia en álgebra; al profesor de geografía, Saúl Pacheco; Argelia en instalaciones eléctricas; y a los profesores de mi carrera, como el Ing. Napoleón Gómez Balbuena, Armando, Yaraset, Ana Bautista, Francisco Ochoa, Germán, Francisco Ortiz y todos y cada uno de los docentes de ingeniería que estuvieron durante mi formación profesional. Esto que ven en mi nuevo proyecto es resultado de la dedicación en mi formación, tanto profesional como personal.

Los docentes son nuestros segundos tutores, con la autoridad suficiente para formar y preparar a la nueva sociedad. De ahí la importancia y necesidad de esta noble profesión que crea las condiciones de un mejor mañana.

**A los alumnos:** Nuestra obligación es estudiar, crear, innovar y transformar el futuro de este país. Si bien en nuestros hombros está la responsabilidad, para ello es importante crecer con un criterio propio, libre y autosuficiente. Quiero creer que al recorrer las páginas de este libro tu imaginación se encargue del resto, que sientas orgullo de respirar no solo tu municipio, sino todo tu estado, que al final te quedes con algo más que solo una lectura de colegio, que investigues, que disfrutes y palpes esto que somos. Miles de personas dieron su vida para que tú estés aquí, disfrutando de una patria soberana y libre;

por ello merecen respeto, honor y recuerdo. Este trabajo es tuyo, anda, te invito a recorrerlo...

**A sector gobierno:** La educación es el principal motor de crecimiento de un país, ya lo dijo nuestro presidente y máximo líder social Andrés Manuel López Obrador. Si bien hemos pasado etapas difíciles y perdimos a seres queridos en la pasada pandemia, el camino sigue y tenemos que enfrentarlo como venga. Invertir en la educación debe ser la obligación primaria del sector gobierno; apostarle a la educación es pensar en un mejor México. Por ello, invito a que, como político, tengas el valor de conocer tu historia, tu gente, tu pueblo. Dejar de lado las promesas de siempre, ser libre e incorruptible, y abandonar los intereses personales. Todo cargo de elección popular merece sinceridad y honestidad, pues el poder se vuelve una virtud cuando se pone al servicio de los demás y una tiranía si se usa para intereses propios. Cultivarse, con lectura e investigación, es gratis; trabajar a favor de un pueblo es histórico. Todos buscamos de una u otra manera dejar nuestra huella en la historia del mundo, ser recordados por medio de nuestras acciones. Dejando la fantochería y la falsa preocupación, debemos ocuparnos en la coherencia de nuestras acciones y no ser otro más de los que tanto se ha cansado el pueblo. Este proyecto es de todos.

# Introducción

El estado de Hidalgo se creó como tal un 16 de enero de 1869 por uno de los mejores presidentes de este país, Benito Pablo Juárez García, quien, tras la amenaza de los invasores franceses en 1862, sugirió la división del estado de México en tres distritos militares para su defensa, donde Actopan era la cabecera del segundo distrito, conformado por los territorios que hoy forman el estado. Lleva por nombre Hidalgo en honor al iniciador de la independencia de lo que hoy es México, el cura Miguel Hidalgo y Costilla (1753-1811). En este estado se han llevado a cabo sucesos históricos de suma importancia, tales como la lucha de independencia, la lucha contra la intervención norteamericana y la intervención francesa, y luchas internas como las de la reforma, entre muchas otras que sin duda alguna hacen de nuestro estado un lugar rico en historia. Es un platillo digno de digerir en cuanto a ella y un motivo de orgullo en cuanto a lo que simboliza a nivel estatal y nacional. Qué decir de nuestras leyendas y costumbres, como la misma de Quetzalcóatl, soberano de Tula; y así, una infinidad de sucesos y descubrimientos que nuestro estado ofrece, su arquitectura, su antropología, sus paradisiacos lugares, su gente.

La lengua náhuatl es un símbolo puro del estado de Hidalgo, orgullosamente nativa dentro de la historia de este. Desde el mundo prehispánico, los sabios nahuas se valieron de formas propias para caracterizar las singulares necesidades de expresión. Las creaciones literarias mantenían antiguas tradiciones y se situaban en esa rica gama de los *cuícatl*, que eran cantos o poemas creados por los *cuicapicque*, sabios forjadores de cantos. Cabe destacar el hecho de que en el estado de Hidalgo se puede encontrar una diversidad rica en lenguas originarias, donde se pueden mencionar el otomí y el ñañú, que en el valle del Mezquital se pueden aún escuchar entre sus pobladores.

Se dice que los *cuícatl* vienen del interior del cielo y que en ellos afloran los recuerdos y el diálogo con el propio corazón. La poesía es un canto en el proceso de la transfiguración, la transformación, la esperanza y la sensación.

El estado de Hidalgo es un estado rico en su diversidad, en su cultura y tradición, en su historia. Sus ecosistemas son propiamente un mundo natural que envuelve al visitante, sus rincones, sus parajes, su manera única de acoger, de recordar y situar cada una de sus hazañas que conmemoran a esta bendita tierra.

Soy hijo del maguey y hermano del maíz, del arado y del cincel. Ser hidalguense es meramente un placer, un privilegio. La ubicación de nuestro estado se sitúa al centro del país, cerca del corazón nacional, a un lado del palpite libertario de nuestra patria. Cuenta con varias cadenas montañosas, con ríos importantes como el Moctezuma, Tula y Metztitlán. Sus limitaciones son al norte con el estado de San Luis Potosí, con Veracruz al noreste, Puebla al este, Querétaro al oeste y Tlaxcala junto con el Estado de México al sur.

El estado de Hidalgo está conformado por 84 municipios, 18 distritos electorales de acuerdo con lo estipulado en la constitución política del estado. Cada municipio cuenta con diferentes características que lo hacen muy propio y único en cuanto a sus rasgos, su lengua y sus raíces. Los parajes naturales que ofrece son de suma importancia. Sin duda, esta caprichosa naturaleza de la entidad nos ofrece también ciertas curiosidades geológicas, como lo son el géiser que brota en el municipio de Tecozautla, la piedra imantada del cerro de la comunidad del Carmen en Zimapán, el puente de Dios al poniente del municipio de Atotonilco el Grande, donde el río ha excavado la roca y pasa debajo de un promontorio rocoso formando una gruta, después de la cual vuelve a aparecer la corriente de agua. La barranca de Tolantongo está en el municipio de El Cardonal, en cuyo fondo se encuentra una cascada; dentro de las grutas hay un manantial de aguas termales y otro de agua fría que se mezclan en un espacio de agua tibia. Otra de las más importantes imágenes imborrables de nuestro maravilloso estado es la barranca de Santa María Regla, formada por paredes de columnas hexagonales de basalto de treinta metros de altura. Prismas como estos solo se encuentran en otra parte del mundo, en las islas Hébridas, al poniente de Gran Bretaña, las cuales son famosas por constituir las paredes de la Gruta de Fingal, caverna a la que entra el mar.

El estado de Hidalgo, además de sus paradisíacos lugares, es rico en minería. Durante tiempos coloniales se extrajeron oro y plata, además de otros metales como el cobre, mercurio y plomo, así como minerales como manganeso, zinc y azufre.

El estado de Hidalgo está conformado por seis regiones geoculturales con características naturales y climáticas diferentes. Cabe distinguir que hay diferencias entre las divisiones geoculturales y las fisiográficas del estado. La primera se fundamenta en las características geográficas, sociales y económicas, mientras que la segunda se basa en características ambientales.

La **región de la Planicie Huasteca** abarca parte de los estados de Hidalgo, Veracruz, San Luis Potosí, Tamaulipas, Querétaro y Puebla. La Huasteca Hidalguense se localiza al norte y noreste de la entidad, colindando con la región de la Sierra Alta. Es la Huasteca una región de gran colorido y variedad cultural por la abundante población indígena que ahí habita, principalmente Nahuas, cuyas manifestaciones culturales, lingüísticas y artesanales imprimen un particular sello a la región.

La **región de la Sierra Alta** atraviesa la Sierra Madre Oriental, que corta prácticamente en dos al estado de Hidalgo y separa a la Huasteca Hidalguense. Esta región está ubicada en el territorio que baja a la llanura costera del Golfo Norte, de los valles y llanos ubicados en el sur, pertenecientes fisiográficamente al Eje Neovolcánico. Aun tratándose de la misma sierra, se aprecian tres cadenas montañosas que se unen en diversos puntos. La primera cadena corresponde a la Sierra Madre Oriental, que cubre la mayor parte del estado. La segunda propiamente se inicia en Tulancingo y se une al núcleo central en el cerro de Agua Fría (municipio de Eloxochitlán). La tercera inicia desde Real del Monte a Pachuca y continúa hacia el noroeste por Actopan, Ixmiquilpan, El Cardonal, Zimapán y Jacala. Por efectos naturales de estudio, se establece una diferencia dentro de la misma sierra, separando artificialmente las porciones conocidas como la Sierra Gorda y Sierra de Tenango, por tener ambas características regionales específicas.

En el centro del estado se ubica la estribación de la sierra que se une con el Eje Neovolcánico, la cual da lugar a una gran diversidad de paisajes de barrancas y montañas, donde se ubican, entre otros, los pintorescos pueblos de Metztitlán y Mezquitlán, y se disfrutan ricos contrastes de vegetación y climas. Cabe mencionar que en esta zona están situados los yacimientos de manganeso en Molango, Lolotla y Xochicoatlán, por lo que ocupa el primer lugar a nivel nacional.

La **región de la Sierra Gorda** nace en Hidalgo como una continuación de la Sierra Madre Oriental y culmina en San Luis Potosí, después de haber cruzado una porción de Querétaro y Guanajuato. Se localiza al noroeste de Hidalgo, compartiendo límites con la Sierra Alta y el Valle del Mezquital. Es una región de relieve abrupto con montañas ásperas y redondeadas, atravesadas por enormes barrancas como la de San Vicente, mejor conocida como la de los Mármoles. Con excepción del pequeño valle donde se encuentra Zimapán y la angosta cañada donde se localiza Jacala, es imposible encontrar lugares planos en esta área. La riqueza mineral de la región es muy importante, pues en ella se pueden localizar yacimientos de plomo, zinc, fósforo, cobre, manganeso y plata.

La **región de El Valle del Mezquital** se ubica al oeste del estado de Hidalgo, donde se localizan las grandes extensiones de los valles de Actopan, Ixmiquilpan y Tasquillo, además de los llanos de Tula y Alfajayucan. La región no es en realidad un solo valle y comprende también una porción de la Sierra Gorda, con la que comparte linderos. El Valle del Mezquital se caracteriza por su aridez, pese a contar en sus partes planas con grandes superficies de sembradíos y cultivos como alfalfa, chile, maíz y frijol, entre otros. En los municipios de Actopan e Ixmiquilpan se instalan los tianguis más importantes de la región, los lunes y los miércoles respectivamente.

Asimismo, encontramos balnearios de agradables aguas termales como El Tephé, Ajacuba y Chichimiquillas, por mencionar algunos, entre ellos destaca El Paraíso. Debemos reconocer que es una región turística importante para el estado.

La **cuenca de México** la conforman varias subregiones: el Valle de Tulancingo, la Comarca Minera, la Altiplanicie Pulquera (también conocida como los Llanos de Apan) y la Cuenca de México propiamente dicha. Fisiográficamente, pertenecen al Eje Neovolcánico, dividido en las subprovincias de las Llanuras y Sierras de Querétaro e Hidalgo y la de los Lagos y Volcanes de Anáhuac. La situación geográfica de Hidalgo y su cercanía con la capital de la República lo ha beneficiado en el aspecto económico y de comunicaciones, lo que se traduce en un avance industrial.

La **Sierra de Tenango** es parte de la Sierra Madre Oriental, constituyendo una porción sobresaliente que se destaca al noroeste de la entidad. Comparte territorio con la Sierra Norte de Puebla y con la Sierra Veracruzana de Huayacocotla, que en Hidalgo se denomina Sierra de Tenango. La región presenta montañas menos abruptas, con menos picos y barrancas no tan profundas como las de la Sierra Alta, y su suelo no está tan desgastado como el de la Sierra Gorda (colaboración Universidad Autónoma del Estado de Hidalgo, marzo de 2006).

Como se puede ver, este material está enfocado en el estado de Hidalgo. Cada poema describe la imagen de cada uno de los municipios, de cada rincón, de su comida, de su cultura, de su naturaleza y costumbres, además de su arquitectura y riqueza silvestre. Sin más que mencionar, este poemario rescata historia, rescata valores y, sobre todo, raíces, ya que de igual manera se logró el objetivo de traducir cada poema del autor a nuestra lengua madre natural para el conocimiento y reconocimiento de esta.

A medida que la tecnología y la urbanización avanzan, ciertos valores se están perdiendo en el andar del tiempo, que no se detiene por nada. Es labor de padres, maestros, hijos y, sobre todo, de cada miembro de este estado, rescatar los principales valores, la cultura y el amor de este bendito suelo que lleva consigo una historia legendaria y digna de portar. Por ello, queridos lectores, en cada poema se trató minuciosamente de cubrir lo más relevante de cada municipio, con el único fin no solo de dar a conocer nuestras maravillas, sino de enamorarse de ellas.

*Te invito a leerme, a conocerme, aprendamos juntos...*

# Un pedacito de mi patria

Mi tierra tiene por nombre Hidalgo y es uno de los 31 estados que conforman esta hermosa nación. Se encuentra ubicado casi en el centro del país, cuenta con 84 municipios, 6 regiones geoculturales, 3 ríos destacados: el Moctezuma, el Tula y el Metztitlán. Es mi casa, es mi hogar, tierra nahua, otomí y tepehua, brava, con tanta historia que un solo libro no podría jamás describir. Enamorarse de este suelo es fácil si en cada sitio miras con el corazón. Hidalgo es cuna de héroes, de patriotas, de poetas, músicos y personajes ilustres. Ha sido campo de batalla, camino y fuerte militar; ha sido resistencia y libertad. Sus hijos le dieron nombre en todas y cada una de las transformaciones que ha tenido la patria. Ha sabido ser guerrero, defensor y nacionalista. Por todas esas cosas, además de su diversidad cultural, de sus tradiciones, su flora y fauna, es que digo: si ser mexicano es un orgullo, imaginen ser de Hidalgo.

# HIMNO AL ESTADO DE HIDALGO

## Coro

Hidalguenses Unidos cantemos,
Orgullosos de su tradición,
Al estado de hidalgo, a los hombres
Que han honrado este patrio girón
Si de hidalgo llevamos el nombre
Gloria a él que ya patria nos dio.

## Estrofa 1

En el ámbito patrio cantemos
Las grandezas de nuestra entidad
Que fundó sus principios por Juárez
En la paz, la justicia social
En las mentes de los hidalguenses
Ese nombre grabado estará
Del gran Juárez, quien nos dio por norma
«El respeto al derecho es la paz».

## Coro

## Estrofa 2

Salve, salve a la augusta memoria
De los hombres patriotas de honor
A Fernando de Soto y a Doria;
Gobernante de aquí, precursor

Al cantar hoy ufanos este himno
Profesamos con patrio fervor.
Nuestra fe en los destinos de hidalgo,
En su esfuerzo y trabajo creador.

## Coro

## Estrofa 3

En el ámbito sea del estado
En la escuela, en la comunidad
Donde esplenda, la tea luminosa
Del progreso, la idea la unidad,
Que no rompa la insidia los lazos
Del amor a la patria entidad
Que se llene de ideales la mente
A la voz: amistad ¡amistad!

# Yo soy Huichapan

Tengo la sangre otomí corriendo en mis venas,
la alegría del cenzontle en mi voz,
soy tan libre como la tórtola en primavera,
y aquí y en donde sea no conozco el temor.

Soy hijo del maguey y hermano del maíz,
hermano del arado y del cincel,
soy el arte campirano que en fruto se convierte
para darnos de comer.

Soy la imaginación del artesano,
aquel que labra la piedra
con el temple y amor en cada mano,
soy el valor y destreza del charro,
novillo salvaje que no se deja vencer.
Soy la pulsera de ixtle,
y la fertilidad del barro,
soy cuna de poetas,
y guerreros también.

Soy hijo de este pueblo,
De este, que me vio nacer.
Patria, solo tengo una,
y la mía comienza aquí,
en esta hermosa tierra,
de hermoso amanecer.
*¡Yo soy Huichapan!*
Sepulcro de mártires
y de héroes de gloria,
*¡héroes que llevo en la piel!*

Soy el huizache y el mezquite,
el tlacuache, el coyote y la codorniz,
soy águila y también la serpiente,
soy un pueblo hermoso y feliz,
... Ahora que ya saben quién soy,
estoy seguro, que jamás,
jamás se olvidarán de mí...

**José Luis T. Trejo «La Hormiguita»**

# ACATLÁN[1]

Cañaverales llevas en las sienes

Con mezquite proteges tu piel,

Con matorrales cubres tu cabellera

Pues eres guerrero nativo de palma y sabino

Que no se sabe vencer,

Tus ojos; son de búho

Tu furia de víbora de cascabel

Gato montés nocturno, gavilán y zopilote a la vez,

Tu carne se nutre del frijol

Tu sed de cebada y agua miel

Portas con orgullo el traje charro

El botín, el huarache y el morral,

Tus manos artesanas curten el barro

Ese que se aviva con las lluvias de verano,

Y a tus cuencas hermosas, vista les da,

Desde el Moctezuma hasta el Metztitlán

Eres tierra sagrada que luchó por la libertad

Cuidando a Melchor Ocampo

Quien te enseñara el pensamiento liberal

Desde la independencia fuiste reclutado

Por tu valor y destreza sin igual

Pues el amor patriota siempre te fue inculcado

Como algo de primera necesidad

Bendito seas por no olvidarlo,

Por no hacer de lado a tu etnia y su verdad

Porque eres parte de este bello estado

Carente en algunas partes de igualdad,

Firmes estamos en que esto pase al pasado

Y a todos esos hijos tuyos

Se les pueda recordar…

---

1    De origen náhuatl compuesta de *ácatl* ('caña') y *tlan* ('junto'), es decir, «lugar junto a las cañas».

# ACAXOCHITLÁN[2]

Tierra legítima del acaxochitl,
del ave cantora y el zacahuil,
del eucalipto y el ocote
que en tus zonas boscosas
se resisten a morir...
Como lo hiciera tu hijo Ponce Romero,
que al lado del general Zaragoza
al ejército francés le pusieran fin,
creador de la sultana del valle,
y que por orgullo fuera nacido aquí.
Eres hijo del Huehuetzala,
eres hijo del maíz;
de sangre pura y brava,
de tepehuas y otomíes,
aquellos que con sus manos te formaran
para con el adobe cuidar tu raíz;
y cubrirla con el huarache
para a tus senderos descubrir,
ahí junto al andar del tlacuache
que es símbolo de nuestra tierra originaria
y de nuestro suelo,
un orgullo ancestral que se puede sentir,
así como se siente el sabor
de tu chocolate molido en metate
junto al calor de tu jorongo, que del frío nos puede cubrir,
así degustar de tu cecina
mientras que a caballo por entre los encinos
esta alegría de conocerte
en mis letras pueda compartir...

---

2    Las raíces nahuas *ácatl* ('caña') y *xóchitl* ('flor'), es decir, «lugar donde abunda el *acax-óchitl*».

# ACTOPAN[3]

Sobre la tierra fértil te levantas imponente, Mañutzi,

defendiendo tu linaje de tolteca y otomí,

pues has sabido ser un buen guerrero

desde que la historia tu nombre lograra escribir,

cuando tus manos chichimecas

a las fuerzas aztecas se unieron,

luchando por México en la defensa

al lado de Cuauhtémoc, el último tlatoani,

quien muriera valiente en manos de cobardes,

sin importarle el sufrir.

Héroes sin nombre tuviste en la insurgencia,

desde tus gigantescos peñascos

hasta las orillas del Amajac,

al realista no le tuviste clemencia

uniendo fuerzas por la libertad.

En ti confiaron las líneas para al francés atacar;

convirtiéndote por tu lealtad en un fuerte militar;

que a mala suerte el traidor Tomás Mejía

para Maximiliano tu suelo llegara a reclamar.

Sé que aquella derrota te dolió en el alma,

ver cruzar entre tus encinos y oyameles al imperialista

era la humillación más grande

que valiente tuviste que soportar.

Hermano puro del tlacuache y el coralillo;

del gato montés y el escorpión;

del huizache que en tu región es tan querido;

del enigmático maguey cimarrón,

aquel que criara a Vicente Azpeitia,

quien pusiera en alto tu nombre en la revolución.

Corazón patriota has tenido siempre,

---

3    En náhuatl sus raíces son *atoctli* ('tierra húmeda gruesa y fértil') y *pan* ('en sobre'), es decir, «sobre tierra fértil».

mismo por el que Nicolás Flores al huertista Zayas
de tus tierras ahuyentó,
haciendo de ti una fuerza, una sola en defensa de la nación.
Tierra de matorrales espinosos;
de Genaro Guzmán, tu prodigioso escritor,
de tus poetas Rebolledo y Mayorga,
que estoy seguro llevas en el corazón;
ese corazón hecho de ximbó, de mixiote y escamol,
que gustosos degustan tus hijos,
aquellos hechos de mazorca y frijol,
desde el puente de Dios hasta los monolitos.
Desde el Tepenené que airoso vigila el halcón,
he de encontrarte hermoso siempre
con tus bellos ojos de pinturas rupestres
que tus ancestros sobre las rocas plasmaron.
Luciano Ríos, tu dibujante, de esto sabrá más que yo.
Déjame admirarte desde cerro grande
al lado del coyote y de la víbora de cascabel,
que bien saben identificarte
como lo hacen las biznagas y nopales también,
hijo legítimo del ayate, del tlacoyo y del pulque que calienta la piel,
esta que está hecha de chinicuiles, de esos que da tu maguey.
Así, al pie de tu obelisco, me despido,
con mucho gusto de que me hayas permitido
al fin poderte conocer…

# AGUA BLANCA DE ITURBIDE[4]

Tierra del pulque y el aguardiente,
que vieras en tus senderos pasar
a hijos de esta patria valientes
que por la nación se dispusieran luchar.
Al lado del general Zaragoza
y al enemigo francés derrotar,
letales como la víbora de cascabel;
así eran, de corazón duro como el encino y el oyamel,
estos mismos que en tus coníferas se pueden ver,
junto a ese cedro rojo que identifica a tu ser.
Eres de la caña de azúcar,
del chinicuil al pie del maguey,
vestido siempre de rebozos de lana pura
que al huapanguero inspira
para cantarle a su mujer,
aquella que alegre prepara los frijoles
que gustosa ofrece para comer.
Por apellido llevas el nombre
de aquel que al insurgente guerrero no pudo vencer,
pero que a través del pacto de Acatempan
libre a nuestro México le hizo sentirse por primera vez.
Vístete de tu mejor traje de manta
y luce esos tan bonitos huaraches de cuero,
que son la imagen de nuestra patria,
que son orgullo de nuestro suelo...

---

4    Creado el 27 de marzo de 1894 en recuerdo al autor del plan de Iguala.

# AJACUBA[5]

Hijo nativo de Tezcatlipoca
a quien veneras en el corazón,
corazón que Huitzilopochtli adorna
para que tus hijos nunca olviden su originaria nación.
En tus pulmones habita Ehcatl,
como en tus labios el magueyal,
que hacen de tu tierra una tierra próspera del elixir
que solo los dioses pueden probar.
Invítame a tus peñas coloradas,
a tus barrancas divisar
y sentirme como aquella águila
que sobrevuela el nopal.
Hijo legítimo de la manta,
de la pirámide que honra a Quetzalcóatl,
de la peña del sol y su cueva
que a tu historia disfruta mostrar,
así como tu barranca del tejocote
o tus históricos hornos de cal,
que me llevan por aquel rincón de los lobos
para con tu espíritu poderme encontrar.
Hermano puro de nuestro imperio azteca y de la gran Tenochtitlan,
como del encino y el pirul que ofrecen su sombra fresca
cuando al pie del fogón tus hijos disfrutan del mixiote ancestral.
Eres aquellos manantiales termales
que Coyolxauhqui aún suele cuidar,
divisándoles desde tus jagüeyes,
aquellos que son bellos en verdad…

---

5    Vocablo náhuatl *axocopan*, que significa «sobre el agua amarga».

# ALFAJAYUCAN[6]

En ti crecen sauces en el agua,
agua vital de tus manantiales.
Eres las pinturas en tus rocas grabadas,
históricas como lo son tus carnavales.
Fuiste testigo de sacrificios humanos,
por ello la sangre otomí corre en tus tradiciones.
Eres lo madre tierra por costumbre,
esta que te ofrece los escamoles.
Eres el xamue y el chinicuil,
eres el garambullo y los cocoles.
Alegras con pulque y curados de sabores,
tu frente cubres con sombrero de palma,
tus manos son artistas y misionarias.
Eres el cordón y el ixtle,
el barro y el maíz,
escenario de batallas de independencia.
En ti se reunieron ilustres para luchar
por la causa del país.
Eres el labriego Miguel Sánchez,
independentista de raíz.
Eres la bravura de Manuel de la Peña,
municipio de historias sin fin.
En ti no cabe la duda, el temor ni la pena.
Eres parte de Hidalgo,
¡de México, bendita tierra!

---

6    De raíces nahuas *atl* ('agua'), *huexotl* ('sauce') y *yucan* ('lugar'), es decir, «lugar donde crecen
     los sauces o ahuehuetes».

# ALMOLOYA[7]

Eres el manantial de donde emana la vida,
fuerza temeraria con la que Osorno luchó.
Eres la carpa y el ajolote,
el pulque y el nopal,
el vino y el piloncillo
que en ti es tradicional.
Admiro tus manos de alfarero
que a tu carne de arcilla saben moldear.
Encantado estoy de tu piel de palma
con ese bordado que te decora por la eternidad.
Sangre tolteca llevas en las venas,
sangre chichimeca llevas también.
Eres llanura y lomerío,
cacomixtle y armadillo,
de un corazón duro como el cedro
y hermoso como el oyamel.
Tierra fértil de cebada,
eres de esos lugares que, al verlos,
sensibilizan el ser...

---

7    Del náhuatl *alt* ('agua') y *maloni* ('manar'), es decir, «lugar donde brota el agua».

# APAN[8]

Sobre el agua eres por nombre,
con tu carne viva de encino y maguey.
Tienes ojos de tecolote,
de tuza y liebre también.
Eres el pino y el venado,
tórtola y gavilán a la vez.
En tus venas corre el Pánuco
y en tu corazón el Tezontepec.
Tienes alma de laguna,
que imposible es no ver.
Tus cerros son de admirarse,
como lo es tu historia que eriza la piel,
donde aquellos hijos tuyos supieron darte gloria
al defender a la patria contra la tirana esclavitud,
que bien grabada tienes en tu memoria.
Por ello, sé que no has de olvidarte
de quien por ti ofrendara su ser,
como aquel insurgente José Francisco Osorno
que en la batalla de Las Tortolitas
al propio Anastasio Bustamante su suerte le hiciera ver.
Así dime tú cómo olvidarse de tu tierra,
de tus canastas y paneras, y sin duda de tu sopa de cascabel,
de tus chinicuiles y escamoles,
de tu pulque y pan de nuez.
Eres algo digno de admirarse,
que de sobra tiene sangre brava por doquier...

---

8    De raíces nahuas *alt* ('agua') y *pan* ('sobre'), es decir, «sobre el agua».

# EL ARENAL

Derivado del nombre propio ya que es un lugar
donde abunda la arena,
desde lo alto y sobre las peñas de los frailes,
desciende el águila con sus garras listas
para sobre el mesquite posarse,
sin nunca al mundo que la rodea perderle la vista...
Eres hijo de la granada,
de cuna de nuez, maíz y cebada,
de sangre náhuatl, dulce biznaga.
Eres el camaleón y la tuza,
el nopal y el águila en mi bandera grabada.
Eres el sabor de los escamoles,
de los chinicuiles y gualumbos.
Tu carne es de mil sabores
y tu corazón de quelites oriundos.
Eres el ladrillo que construye
aquellos hogares de los hijos tuyos,
hijos de los que en sus venas corre el pulque,
forjados en la arena que hace honor
a tu nombre con orgullo.
Tierra otomí, náhuatl, mohmu,
que conservas el paraíso en los ojos de tus niños,
la fertilidad de tu tierra en tus mujeres
y la fuerza del progreso en tus latidos.
Has sabido mantenerte libre,
así se te conoce... así se te escribe...

# ATITALAQUIA[9]

Sangre guerrera chichimeca,
de fuerza campesina otomí,
posees la imaginación artística tolteca,
por eso enamorado estoy desde que te conocí.
Tus manos artesanas
son de asombro por su destreza,
hijo legítimo del chimalli y el macuahuitl,
del arco y de la flecha,
que fieles a tu linaje
lucharon a tu lado hasta morir.
Valiente fue y será tu entrega,
hermano del chile y del maíz,
de piel brillante, piel morena,
que refleja el color de tu gente,
el color de tu tierra.
Eres fértil cual maguey que regala al chinicuil
y que en tus lomeríos dan muestra de grandeza.
En tus senderos viste cruzar a hombres valientes,
Julián y José María Villagrán,
sé que no los has de olvidar,
los traerás tan dentro de tus venas
porque tú ayudaste a la lucha por la libertad.
Por ello la historia no te olvida,
y en la memoria de cada hidalguense
siempre estarás…

---

9   De raíces nahuas, *alt* ('agua') y *calaquia* ('entrada'), es decir, «lugar donde se mete el agua».

# ATLAPEXCO[10]

Prisionero de lo verde de tu selva.
Corre el conejo para no dejarse atrapar,
siente cómo el corazón se le acelera
en cada rugido del gato montés que lo quiere cazar.
Tranquilos deambulan el venado, el tigrillo y el jabalí,
siendo muestra de lo hermoso que vive en ti,
hermoso como tu lengua náhuatl
que tu gente no deja morir.
Admiro la humildad que llevas en tu frente,
a tu espíritu de lucha,
a tu sangre valiente,
aquella que se defiende con la guaparra
y se calienta con el aguardiente.
Tu voz es de jarana
y tu canto de huapanguero,
ese que le alegra el alma
de quien se despierta primero
a trabajar bajo el rocío
antes del azul del cielo.
Tienes labia de poeta
y habilidad de artesano carpintero
para hacer esas guitarras
que de tu tierra tanto quiero.
Atlapexco de mi vida,
espero verte de nuevo
y decirte mis poemas,
esos que inspiró tu suelo…

---

10   Significa «en el agua desbordante».

# ATOTONILCO EL GRANDE[11]

Cuando me encontré por primera vez contigo
recuerdo haberte mirado fijamente a los ojos.
Estos eran coloridos como el encino;
y como tus ahuehuetes, igual de hermosos.
Preguntaste si estaba perdido
mientras yo observaba a un huitlacoche airoso
que alegre sobrevolaba tus sabinos,
aquellos que en la barranca crecen frondosos.
De tu belleza quedé prendido,
de tu voz de cenzontle; orgulloso,
porque grande siempre has sido,
de mi estado un ser precioso.
Tierra del tlacuache y el gato montés,
del nopal y el quelite,
de la víbora de cascabel,
del huizache, con el que nuestro suelo se viste;
del escamol y el maguey,
del chicalote y el mezquite, que en ti suelen crecer.
Es un orgullo conocerte
y saberte de toltecas y chichimecas descendiente,
guerrero audaz, sabio y fuerte;
que desde el Xólotl como virtudes conservas siempre,
tierra de influencia teotihuacana;
aquella que el mexica conquistó,
haciendo de ti su casa; que de aguas termales se formó,
hermano del maíz, de la papa y el frijol,
del aguacate y el chile que son orgullo de la nación.
Así como tu hijo Antonio Palacios
que contra el francés luchó,
orgullo de hombre; inmortal profesor,

______________

11    De raíces nahuas *alt* ('agua'), *totonqui* ('caliente') y *co* ('en'), que significa «en las aguas calientes, Atotonilco el viejo o grande».

así como Benito Calva; que por las tierras peleó.
A Serapio López Barrios
quien, estoy seguro, llevas en el corazón
por ser un hijo tuyo que defendiera la libertad;
y aborreciera la traición,
por la misma que su cuerpo en la Bella Airosa
desnudo por los huertistas quedó.
Desde la Nogalera hasta el puente de Dios,
desde los venados hasta el Amajac,
he de saberte de la patria hermano
cuando a revolucionarios vieras pasar;
y así les tendieras la mano, sin nada a cambio esperar.
Por ello, lloro del recuerdo contigo;
cuando el carrancista González te viniera a saquear.
Maldito sea el vulgar bandido
que el águila desde lo alto pudiera divisar;
para no dejarlo en el olvido
y aquella historia siempre contar.
Me marcho, pero te llevo conmigo,
siempre a justa razón;
como dijera en su cantar Adolfo Carrillo:
*aquí te he puesto toda mi vida;*
*y con mi vida, también mi corazón...*

# ATOTONILCO DE TULA[12]

Agua caliente tienes en la frente,
hierve en tu boca ágil de serpiente.
Eres llanura, eres magueyes,
todo admirable por tus pinturas rupestres.
El ixtle en tus manos se curte excelente,
eres alfarero y traje de charro valiente.
Tus hijos son de escamoles,
como tu esposa de agua termal.
Tu casa son los lomeríos y las llanuras,
y tu camino es la sierra que a huarachè
bien sabes andar.
Tierra viva de maizales,
donde se corea la música tradicional.
Eres histórico por cultura,
desde el códice Ozuna
a los anales de Cuautitlán,
donde consolidaran la triple alianza de Tlacopán
para el tributo y la guerra pactar.
Tu sangre otomí gobernó airosa,
misma que ahí al juego de pelota hiciera tradicional,
para adorar al cielo y a su luna preciosa,
que los mismos mexicas llamaran Coyolxauhqui
de manera guerrera y popular.
Eres historia hidalguense,
pedacito de patria sin igual...

---

12    Significa «en las aguas calientes».

# CALNALI[13]

Eres mi casa al lado del río,

hijo legítimo de la Sierra Madre Oriental.

Vivo me siento al estar contigo,

y entre tus mesetas, respirar la libertad.

En tus arterias se forma el Pánuco,

siendo la cuenca del Moctezuma la que te hace vibrar.

Amo respirar tu tierra húmeda,

con el encanto del encino que se hace notar,

a tus hermosos pies de campesino

que de roble dejan su andar.

Bendito el cedro rojo de tus ojos,

mismos que en el águila se pueden hallar,

donde en la fuerza violentada del tigrillo

se puede encontrar tu propia libertad.

Admiro la bravura de tu gente,

que ante el francés invasor no se dejó intimidar,

mostrando su lado patriota y valiente,

como pudieron, los obligaron a escapar.

¡Vivan tus hombres y mujeres!

Que sin armas decidieron luchar,

llenándoles de cal los ojos,

al miedo les hicieron probar.

¡Vivan Casimiro y José María!

Jesús y aquellos que no alcanzo a nombrar,

por ser los mártires de Calnali,

algo de lo que no se debe olvidar.

Como aquel heroico regimiento Galeana

que de hombres hijos de tu tierra

en la revolución decidieron pelear.

¡Vivan tus héroes revolucionarios!

---

13    Procede del náhuatl *calli* '(casa') y *nalli* ('del otro lado'), es decir, «casa al otro lado del río».

¡Viva tu lengua náhuatl natural!
Que en sus venas lleva sangre chichimeca,
de esa que no se sabe dominar.
Eres la cecina y el mole verde,
vino de mesa y aguardiente,
guerrero colosal que mira de frente
por defender su ideal liberal.
Espero algún día volver a verte,
en mi corazón siempre has de estar...

# CARDONAL[14]

Estás labrado por lomeríos y llanuras,

y en tus arterias se forma la Sierra Madre Oriental.

Eres la tierra negra que cuida a nuestros hijos,

hogar donde se respira la libertad.

Por sangre otomí guerrera llevas el Pánuco,

por lágrimas tuyas el carrizal.

El Moctezuma ondea en tus manos,

esas mismas que al viajero invitan a pasar.

Tu corazón vibra bajo lo Neovolcánico,

eres un pedacito de patria digno de admirar.

Con cordones decoras tu cinto,

de bosque tu andar.

Tu aroma es de olivo y tu carne de nopal,

el mezquite y el cardón te dan cobijo,

y el maguey alegría de más.

Puedes ser tan leal como un hijo

y tan salvaje como un águila al invasor atacar.

Eres la serpiente y el coyote,

y aquella ave cantora que nos llena de felicidad.

Un paraíso ocultas en tus grutas,

mismo que solo tú nos puedes regalar.

Entre lo cristalino de tus aguas termales

donde tu belleza se puede notar.

Eres la sábila y el ternero,

por todo tu nombre Bojal.

Aquí te admiro y te respeto,

tendido en un latido bajo mi pecho,

corriendo en mi sangre,

tierra del Cardonal...

---

14    Primitivamente conocido como Bojai, que significa «tierra negra». Tras la conquista se
      denomina cardonal por la abundante flora propia del estado, El Cardón.

# CHAPANTONGO[15]

Naciste del riachuelo,

donde con las manos del alfarero

con arcilla se te formó.

Hijo legítimo del cerro de las serpientes,

de la danza del ixtle

que tus descendientes hacen con el corazón,

padre de nuestro dios Huitzilopochtli,

de la obsidiana que yace en tu región,

producto de aquellas batallas

que se celebraran con honor.

Eres el coyote y el garambullo,

hermano legítimo del encino y el cardón,

aquellos que albergan a tus serpientes

que de cascabeles hacen tu canción.

Eres sierra y eres peña,

pintura rupestre que a tu historia conformó

para desde un principio ser lo que eres,

hijo del metate que ofreces con amor.

Ahí, entre el calor de tu gente,

aquella que rechula se ve atizando el fogón.

Padre de Alfonso Dorantes,

tu noble benefactor,

de Gregorio Olvera,

tu poeta que le escribiera a su tierra con el corazón.

Eres descendiente de otomí,

de sangre artesanal tolteca,

llevas en las venas el orgullo

no solo de ser quien eres,

sino de ser lo más valioso de esta tierra...

---

15 De raíces nahuas *chia* ('semilla utilizada para hacer agua refrescante'), *apatli* ('caña o zanja')
y *tzontli* ('despectivo diminuto'), es decir, «en el riachuelo de la chia».

# CHAPULUACÁN[16]

Ya lo decía don «Mencho»
en su huapango al tocar:
que tú eres un pueblo bello;
difícil, muy difícil de olvidar.
Quizá sea por tu lengua náhuatl
o por tu belleza cultural
que en los vinuetes se menciona
cada que a un huapanguero le nace cantar;
al lado del aguardiente
o bajo la sombra del nogal;
aquel que crece sobre el Carso Huasteco
engrandeciendo tu belleza natural.
Tierra legítima de bravura chichimeca;
aquella que a los frailes hiciera temblar;
llamándote bárbaro de arco y flecha;
por ante su hipocresía no dejarte dominar,
así te costara la vida,
hijo del mahuaquite y el alacrán.
El tiempo supo prestarte venganza;
y tus peñas lo pudieron atestiguar;
cuando en la reforma a los conservadores persiguieras
por una patria libre formar;
y darle lo que le pertenecía al estado;
y que por muchos años el clero había conservado;
gracias a su doble moral.
Gracias por el café serrano;
que bajo el bálsamo me invitas probar;
pa' después llevarme al cerro «los jarros»
y con tus vestigios arqueológicos poderme encontrar,
hijo legítimo del chapulín y la hormiga

---

16    De origen nahua que significa «lugar de chapulines».

aquella que representa una variante de Quetzalcóatl,
del higuerón y la mandarina;
del palo escrito y el palomar.
Fuiste escenario de batallas
que a tu valor quisieron probar,
batallas revolucionarias
a donde tus hijos no se negaron a pelear;
así fueran víctimas de bandidos,
usurpadores de la revolución
que después fueran fusilados
por órdenes de Obregón.
El Centauro del Norte estuvo contigo,
cuando apoyabas a Carranza sin razón;
¡Vivan tus héroes revolucionarios!
Desde los hermanos Vázquez,
a Bartolo Oliva y Juvencio con honor,
¡Vivan tus héroes sin nombre!
que estoy seguro llevas en el corazón;
como a José Isaías Nájera, el docente y escritor;
que de venado tenía el alma al escribirte con pasión;
eres tlacuache y coralillo,
gato montés y jabalí;
el pañuelo que se lleva al cuello;
el huarache y el zacahuil,
aquellos que presumes en el Xantolo,
junto al delicioso tlapanil,
por lo que te digo tierra linda, tierra brava,
que, en mi pecho, siempre has de existir…

# CHILCUAUTLA[17]

Me vengo a enamorar de tu tierra,
ya me habían hablado de ti,
de ti y de tu abundancia de chiles
que en ningún otro lado ha de existir.
Vengo a perderme en tus llanos,
para acurrucarme en tus montañas,
entre el cantar de tus gorriones
y lo fresco de tus mañanas.
Quiero bañarme en tus manantiales
y como un ave cocolera
sombrearme en tus jacarandas,
pa' después ahí al pie del álamo
admirar a tus perdices emplumadas;
aquellas que entre tus mezquites se ocultan
a veces espantadas.
Voy a desprenderte florecitas
de aquellos huizaches en temporada
y regalárselas a tus mujeres
que orgullosas visten de manta.
Prenderme de tus huaraches
para en tus milpas emprender la jornada;
y a mediodía tomarme un pulque
con una rica tostada;
de esas que ya apagada la lumbre
nomás avientas a las brasas.
Quiero vestirme de tu traje charro;
y airoso visitar tu plaza,
pa' entonar aquellas canciones
que estoy seguro te alegran el alma,
de tu barbacoa probarme un taco;

---

17 Procede del náhuatl *chilli* '(chile') y *cuautla* ('arboleda'), es decir, «arboleda de chiles».

mientras admiro a tus mujeres
con los ayates a rastras.
Hijo del Xocayota y el cuatlapal,
del sabino y el gavilán,
ese que imponente vuela sobre el matorral,
pero más hijo eres
del chile que es símbolo nacional;
y que en tu nombre orgulloso llevas
sin avergonzarte jamás…

# CUAUTEPEC[18]

Sangre náhuatl corre en tus venas,
ardiente como tu volcán,
que por Coatzetzengo lleva el nombre,
haciendo memoria a tu linaje cultural.
Hijo legítimo de las montañas,
aquellas que apenas amaneciendo se bañan de sol;
y donde sobre los encinos airosos
de alegría canta el gorrión;
permitiendo que bajo su canto
el pájaro carpintero del oyamel saque el corazón.
Hijo del maíz y de la cebada, del fuete y el botín,
que vistes a tus hijos con orgullo de manta,
luciendo con ellos el sombrero
que con tus manos haces de palma,
pa' luego irse a divertir, bebiendo de ti el pulque
que por arte nace de tu garganta y que a todos pone feliz.
Hermano del trigo y de la papa,
de la paloma que desciende del Yolo,
para en su currucucú hacerte sonreír.
¡Míralas! Míralas en pleno vuelo
como se adueñan del cielo, al igual que de tu sentir.
Las lagunas de Hueyapan son testigo
de que estando contigo todo es colorido,
colorido y sorprendente
como lo es tu obelisco
que recuerda a esos niños héroes valientes
que por la patria no dudaron en luchar
y que hoy se les recuerda
con orgullo en el alma
por ser de México símbolo nacional...

---

18 Significa «en el cerro de los árboles».

# ELOXOCHITLAN[19]

Un halcón sobrevuela el Quetzalapa,
mientras el gorrión se posaba sobre el chaparral,
divisando desde ahí las cascadas
que de tus montañas suelen brotar.
Una golondrina a un tulipán llevaba en el pico,
mientras que un gato montés
entre la ladera se dispone a cazar;
así, bajo el encino, yo cuidadoso te podía observar,
hijo legítimo de nuestras sierras,
de carne de elote y sangre náhuatl,
de belleza única que no tiene cualquiera
y que solo se encuentra
en tus aguas termales de Amajac.
Paraíso es tu laguna Cristóbal,
exótica tu laguna Metztitlán,
milenario tu cerro Zenzaculli,
que de tus hijos toltecas siempre hablará.
Hermano de la enredadera y el cedro blanco,
del zapote y el cuatlapal,
del colibrí que visita tus geranios,
del agave que se bebe bajo el nogal;
de la selva que acecha el tecolote,
de la víbora de cascabel, del alcatraz.
Creador de máscaras de madera,
del huarache de tres puntadas y el morral;
eres el artesano de palma,
el pollo huasteco y el zacahuil;
el maguey chichimeco que nace del alma
y que al más triste pone feliz...

---

19    Del náhuatl *elotl* ('elote'), *xóchitl* ('flor') y *tlan* ('lugar'), es decir, «lugar de la flor del elote».

# EMILIANO ZAPATA[20]

Por nombre llevas al caudillo,
aquel que por los pobres luchó,
aquel que perdiera la vida
por culpa de un traidor.
De lomeríos se cubre tu frente,
de llanuras tu corazón,
eres hijo de tierra valiente,
aquel que no teme al dolor.
Eres el tlacuache y el venado,
el cacomixtle y el gorrión,
de pirules son tus manos,
de capulín tu color.
Vistes con orgullo al traje charro
porque sabes de él;
el prestigio y el valor,
«Pa las leyes, las muelles»
de eso lo sabes mejor,
porque la tierra es de quien la trabaja,
como dijera nuestro caudillo en la revolución.
Tu astucia es de coyote,
y de maguey tu corazón,
de tórtola tu libre vuelo,
de pulque tu sabor,
manantiales tus hermosos ojos,
que purifican tus semillas que honras con amor...

---

20   Nombre otorgado por el caudillo y revolucionario tlatoani Emiliano Zapata.

# EPAZOYUCAN[21]

Hijo legítimo de Teotihuacán,
de la obsidiana y el epazote,
de la palma y el nopal;
aquellos que en tus manos abundan
como algo místico y ancestral.
Déjame admirarte por tu belleza;
por ese valor de clase militar azteca
que en tu pasado tuvieras,
y que aún hoy en día bien pudieras conservar,
aun pese a los abusos de tus hijos en las minas,
por las colonias europeas que en ti impusieran
la peor de las conquistas;
escudando sus atrocidades bajo su religión criminal.
Firme como el pino; sé que valiente tú no olvidas,
y en el canto del cenzontle,
aun cuando alegre te demuestres,
sobre el Moctezuma tu llanto tiras.
Padre de la lechuza y el cuervo;
de la paloma que se posa sobre el oyamel,
de ti tendré bonitos recuerdos
pues imposible es no poderte querer,
por esa alegría de tu gente,
que con chapetones adornan su sombrero,
cuando en la montaña «las naranjas»
gustosos te acuden a ver;
pa' tomarse un pulque contigo;
y ahí en el cerro los vestigios de tu lengua comprender;
padre de Pipino Cuevas; un hueso duro de roer
que al ser campeón del mundo
muchos no dudaron en quererte conocer...

---

21    En náhuatl significa «lugar de mucho epazote».

# FRANCISCO I. MADERO[22]

Padre del centauro hidalguense;
un charro singular,
que en cada acto retara a la muerte,
como lo hiciera también Braulio Vidal;
aquel líder revolucionario
que con Nicolás Flores y Villa se uniera a luchar.
De Felipe Contreras tu ejemplo,
de por el pueblo ser un luchador social.
Pueblo de adobe que fuera tu nombre
antes de que al apóstol de la democracia
honraras por la eternidad.
Eres el hijo legítimo que adorara a Tezcatlipoca,
de esta tierra de dioses que nos diera identidad,
hecho de cardones y biznagas;
de mezquite y matorral,
que decora a sus mujeres con lindas naguas
pa' que tus hijos al verlas solo puedan suspirar.
Hijo legítimo del maguey que plantas
pa' después de él un buen pulque probar,
hermano puro del huitlacoche que vuela libre;
y que hermoso se posa sobre el nopal,
aquel que esconde la madriguera del coyote
o del tlacuache, nuestro símbolo ancestral.
De otomíes y chichimecas has de honrarte,
tierra bella que al campo sabe trabajar,
Tata Cárdenas lo supo;
cuando orgulloso te viniera a visitar,
y probar de ti esos tlacoyos
que se saben dar en el Valle del Mezquital.
Desde el cerro de Naxthe

---

22　Nombre original Tepatepec, que significa «cerro de arcilla», pero nombrado finalmente
como el expresidente en tiempos de la Revolución mexicana.

hasta tu cristalina agua de manantial,
desde la normal del Mexe
hasta la última orilla del maizal,
has de levantarte imponente
aun cuando alguna hija tuya
mal de ti quisiera hablar;
eres mucha patria para que una mentira
así te pueda manchar.
Desde Juárez hasta Porfirio
tu historia escrita está;
por ser una tierra que sabe de sacrificio
y que sin duda cree y lucha por la libertad...

# HUASCA DE OCAMPO[23]

Ya me habían contado de tu belleza,

pero hasta no conocerte no la quise creer;

y encantado quedé por tu naturaleza,

aquella que a tus hijos disfrutas proveer.

El jilguero en su canto me lo gritaba,

pero no fue hasta que en gato montés te pude ver;

y así imaginar lo que me esperaba

si a tu paisaje boscoso me atrevía a conocer.

Eres sabino, eres madroño,

coyote y cacomixtle también,

de los cielos el huitlacoche airoso;

el tordo y el pájaro azul que se posa sobre el oyamel.

De roble tus brazos poderosos,

aquellos que en la mina trabajaran hasta rasgarse la piel.

Pedro Romero lo sabía;

cuando al mismo tiempo te explotaba y te ayudaba a crecer,

desde la peña del jacal hasta la peña del águila,

tu belleza pura se puede ver,

como cuando el sol besa tus barrancas en las mañanas

y de tus altas montañas;

al imponente águila se mira descender.

Yo me enamoré de tus calandrias;

aquellas que alimenta tu mujer,

mientras tú con voz de gorrión cantas

aquellas canciones que del alma te saben nacer.

Déjame recorrer tus calles;

y en tus prismas basálticos besarte los pies,

admirar tus bailes folclóricos;

y en tu carnaval sentirme vivo otra vez.

---

23    Su nombre original es Cuachquetzaloyan, con raíces nahuas *cuachtli* ('manta grande'), *quetzalli* ('precioso'), y *yan* ('hacer'), es decir, «lugar donde se hacen preciosas mantas de algodón».

Acompáñame a la peña del aire;
para admirar tu cañón también
y así a mis letras contarles
cuánta belleza puedes tener.
Hijo legítimo de aquellos restos piramidales;
de la barranca de Aguacatitla,
de los sauces y tules que en ti suelen prevalecer;
tierra milenaria del encino,
aquel que la tuza sabe resguardar,
así como resguardas el apellido
de Melchor Ocampo quien para los conservadores
era un temido liberal.
Hermano del molcajete y del alfarero,
aquel que al barro sabe trabajar,
de los abismos que retan al viajero
cuando al pie de tus montañas suele estar.
Desde el «huariche» hasta «el arquito»,
del cerro «las navajas» hasta la barranca de Metztitlán,
has de guardarme un rinconcito,
para tu cecina con un buen vino degustar;
como lo hiciera el propio León Trotsky
cuando a México se viniera a refugiar,
visitando tu madriguera de tlacuache y tu río Hueyapan,
probando de ti tus pastes y tu barbacoa ancestral.
Así he de recordarte; paraíso sin igual,
de Hidalgo una perfecta obra de arte;
y ante mis ojos una hermosura terrenal...

# HUAUTLA[24]

En medio de aquellas dos profundas cañadas,

sé que late vibrante tu corazón;

ese que tus huastecos señalan

al principio de su huapango hecho canción.

Lo exuberante de tus bosques me atrapan,

llenándome el alma de inspiración,

esa que no tan fácil se acaba

como tu mazacuate y tu escorpión,

que hacen honor a tu bravura;

en medio de toda esta hermosa vegetación.

Eres maíz y eres tabaco,

dulce piña; ancestral frijol,

que en tu tierra se imponen temerarios

cuidando de tus hijos con el más puro amor,

hijos tuyos y de la patria, guerreros legendarios;

cuando ante sus propios ojos se presenciará,

en aquel cerro de las campanas,

la muerte del imperialista invasor.

Por ello, Jerónimo y Leonardo serán recordados,

por ver de lo que es capaz un mexicano

ante el mal extranjero; ante el tirano traidor.

Es verdad que en tu suelo a liberales persiguieron;

escudándose en su falsa religión,

por más valientes que se sintieron;

a tu hijo Nicolás Escamilla temieron

en aquel ataque sorpresivo, donde franceses huyeron

y que hoy estoy seguro recuerdas con honor.

Romper tu corazón de cedro no pudieron,

y eso a tu pueblo llena de emoción,

porque eres víbora de cascabel que se defiende

---

24    Su nombre primitivo es Cuautla, derivado del nahua *cuautli* ('árbol') y tlan ('lugar'), es decir, «lugar de arboledas».

"

con gran imponencia y gran valor.
Déjame andar descalzo entre tus naranjos;
quiero ayudarte a cosechar limón,
a sentir el cuero de mis huaraches amados
aquellos que el artesano para mí formó,
de tu aguardiente beberme un trago
pa' así calmar el calor,
mientras tu mujer gustosa sigue preparando
aquel pollo huasteco, digno de tu región.
De la jornada, una vez terminando,
a Mantenco quiero ir a bañarme yo,
ahí entre tus bellas cascadas
que nacen de tus peñas con pasión.
Quiero dormir en tu casa de adobe;
sobre ese petate, símbolo de nuestra nación,
con tu jorongo después taparme
pa' amaneciendo luego al colibrí observar con emoción.
Del gato montés sabrás cuidarme
mientras tu buena cecina degustamos los dos,
al pie del zapote negro; donde alegre nace tu canción,
esa que acompañas con el violín y la jarana
que sin duda seducen a tus milpas de sol.
Ahí entre tus encinos y capulines,
poco a poco me voy perdiendo sin decir adiós,
llevando en mis manos un ramito de flores,
mismo que a la mujer más linda de tu tierra
le entregaré con amor…

# HUAZALINGO[25]

Entre las llamas te persigo;

prisionero del encanto

que el huapanguero en mí despertó;

al contarme con su canto que como tú jamás habrá dos.

Hijo nativo de la Huasteca Hidalguense,

del cerro Huazalingo; que con tu nombre se vistió,

albergando aquel tigrillo que a una tepeachihi cazó.

Eres el nopal y eres el encino,

del Suchiate hermano; del Cuatlapal nativo;

hijo de la selva y de la guaparra

que al huarache le abre camino.

Aquí me tienes, fiel a tu fuerza de indio;

disfrutando de tus mieles;

entre el cucurrucucú de tus palomas

y el cantar del jilguerillo;

aquel que surca los cielos

del Huilotepetl altivo,

escuchando de entre las laderas

del águila su silbido.

Casa del jugo de caña,

del nogal y el oyamel,

tu belleza me atrapa para querer volver otra vez,

y admirar tus pinturas rupestres

que a tu historia se niegan perder,

y así de tu carne asada servirme un plato;

junto con unos frijoles de olla y su café;

mientras a tus danzas diviso

entre las flores de ornato; aquellas que siempre trae tu mujer…

---

25 Su nombre primitivo es Cuezalingo, cuyas raíces nahuas derivan en *cuazalin* ('llamas') y *co* ('en'), es decir, «en las llamas».

# HUEHUETLA[26]

Eres dios viejo; eres dios sabio;
que naciera entre las cañadas
hace miles de años,
de la punta del encino
hasta la raíz del oyamel.
Has de sentirte vivo
como el lobo y el tigrillo
que a tu fuerza distinguen bien…
Invítame a pasar a tu casa de adobe,
para un buen platillo huasteco comer
y beber contigo el aguardiente,
antes de que comience a anochecer.
Invítame en un petate a dormirme
mientras escucho cómo el viento golpea el laurel.
Arrúllame si así lo permites,
mientras escucho el agua de tu cañada correr también,
aquella que desciende de tus montañas
y al Huehuetla se une al amanecer.
Despiértame entonces a primera hora
y déjame un itacate de frijoles llevarme
pa' después contigo comer.
Quiero calzarme tus huaraches
y orgullosamente portarlos
mientras cosechamos café,
ayudar así a mis hermanos
a preparar el arado del que tiran las bestias
pa' sembrar lo que después nos dará de comer.
Quiero oír las historias de los ancianos,
aquellas que hablan del vulgar Cortés
y de cuando mandara ahorcar a tus guerreros,

---

26    Nombre en náhuatl que significa «lugar de los viejos o ancianos».

aquellos que resistieran la tiranía

por su tierra libre volver a ver;

y que sin embargo tu corazón de sierra hidalguense

a sus hijos esclavos mirara crecer.

Fuiste un pedacito de mi patria que sufrió abandono

por una riqueza que según el europeo no pudiste tener.

Aquellos miserables buscaban el oro;

por lo que a tu belleza no pudieron ver,

aquella que muestras en el canto del jilguero

o cuando sobre el cedro gruñe el gato montés.

Eres la calandria que canta en su vuelo;

el cenzontle y águila también,

aquella que vigila en lo alto de tus cerros;

y que de tus montañas es el rey.

Déjame usar tu machete;

para entre la vegetación no llegarme a perder;

y así cruzar entre tus eucaliptos valiente;

degustando la cecina que me compartiera tu mujer,

aquella que es relinda

con su vestido bordado hasta los pies,

hermosa cargando su cría

en aquel rebozo que ella misma pudo tejer.

Huehuetla; así me voy con este ligero despido

con el alma repleta de ti,

haciéndote una promesa que no se irá al olvido,

pues en versos tu nombre he de escribir...

# HUEJUTLA DE REYES[27]

Te vengo a recitar con el corazón
estas letras que me nacen del alma;
por ser ejemplo de nación;
de gente unida; gente brava.
Antonio Reyes, el «tordo»,
valiente hijo que ante el francés por ti luchara;
ofreciendo su vida en combate
por solo defender a la patria.
De Reyes has de nombrarte;
en honor a esta águila,
por ello es que te honran tus hijos,
por ser pueblo; por ser casa,
casa defendida por Martínez y Escamilla,
haciendo huir a los franceses
quienes temían a estos mexicanos y a su ira.
Coronel León Ugalde; mucho hombre
para los gabachos imperialistas;
y quien fuera abatido por un traidor;
que bien merecido la patria su nombre olvida.
Escenario de batallas fue tu tierra querida,
donde se derramara hasta la última gota de tu sangre
por defenderte de la tiranía,
por defenderte del invasor norteamericano
donde Francisco Garay su fuerza imponía,
así bajo la sombra de esos cedros y mahuites
a estos prisioneros hacías.
A huarache de correa cruzada;
y con el pañuelo a la cintura
demostraste tu valor en cada batalla
honrando tu linaje; honrando tu cultura.

---

27    Derivado del náhuatl *huexotl* ('sauce') y *tlan* ('lugar'), es decir, «lugar donde abundan los sauces». Reyes, es en memoria de Antonio Reyes "El Tordo"».

Hijo legítimo del halcón y de la víbora de cascabel,
del maíz; el café y la fruta;
eres el bagre que nos alimenta;
y la selva que al tigrillo oculta,
Daniel Cerecedo Estrada,
tu mejor revolucionario sin duda,
grabado está en tus memorias
como el nopal y la tuna.
Eres el zapote y el capulín;
la danza originaria y el carnaval,
la cecina y el zacahuil,
el aguardiente y la belleza de Ixcatlán,
eres el colibrí y eres el valle,
de los hermanos Azuara su lucha social,
alegras el alma con tus huapangos;
que mis hermanos huastecos suelen crear.
Fiel eres al Xantolo como al 21 de mayo
donde al francés; orgulloso pudiste derrotar,
eres patria y eres libertad;
por lo que has de ser un pueblo grande
de significado náhuatl...

# HUICHAPAN[28]

La magia comienza en el Hualtepec, tu volcán,
aquel que se iluminara con el fuego nuevo
de aquellos guerreros de Aztlán
que seguían la promesa de un nuevo suelo,
guiados por el águila sobre el nopal.
A Huizilopostli nacer aquí lo vieron;
y así, conociendo los manantiales de Atlán,
su ruta a lo que sería Tenochtitlán siguieron.
Cuna del coyote y del tlacuache,
del hocico de puerco y víbora de cascabel,
que vieras nacer a hombres valientes
que por ti dieran la vida a placer.
Tierra legendaria del sabino,
de linaje legítimo otomí,
por el que eres tan querido,
haciendo sentir orgulloso al que nace de ti.
Anastasio María de Ochoa lo sabía;
cuando por medio de su poesía
en tierras extranjeras a tu corazón hiciera latir.
De Miguel Sánchez, tu orgullo patriota,
un insurgente cabal, forjado en el maíz y la mazorca,
como José María y su padre Villagrán,
aquel que dijera: «Mujeres hay muchas pa' tener hijos,
pero solo una patria por la cual pelear».
Doctor José Antonio Magos, un insurgente letal,
que por su sobresaliente brío
por siempre lo has de honrar,
al igual que aquel hermano de patria escribano,
el noble Peimbert, que muriera fusilado
por siempre defender su ideal.

---

28    Deriva del nahua *huexoapan*, *huexotl* ('sauce') *atl* ('agua') y *pan* ('rio'), es decir, «el rio de los sauces».

Honrados son aquellos hombres
que conmemoraran sin miedo el primer grito de independencia,
haciéndote orgullosamente notar.
Quintana Roo y López Rayón
en tus memorias por siempre estarán,
en tu alma bien enraizados
como el oyamel y el nopal.
Conocer tu historia me enorgullece,
porque esta es digna de admirar,
hijo legítimo del huizache, del mezquite y el matorral;
que detestaras a los gachupines
como a Casasola, infame bastardo de la corona virreinal,
a sí mismo a Monsalve,
que a 43 leones se atreviera fusilar,
ahí a los pies de la plaza principal;
Plaza de los Mártires de la Independencia
que tus hijos huichapenses no olvidarán.
Cuanta humillación soportaste
al ver las cabezas colgadas de tus hijos Villagrán
sin olvidar a tu heroína, aquella madre abnegada
que suplicara ser fusilada en aras de la libertad,
¡viva por siempre Manuela Paz!
Y Manuela Correa, fruto de mis hermanos
insurgentes que la patria no olvidará,
y de todos aquellos no mencionados,
que con letras de oro en tu pecho han de estar.
Padre del general Pedro María Anaya
que ante el fallido intento de reconquista
frente al cuerpo de caballería, al gachupín Barradas
hiciera temblar; jurándose así nunca volver a las armas
y a esta patria de valientes, por su vida respetar.
Ante el invasor luchaste fuerte
y nunca ante este te atreviste a la frente inclinar,
con voz vibrante y sonora;

en las palabras de tu hijo el general Anaya

de nuevo te hiciste notar,

expresando con orgullo

ante la presencia de aquel norteamericano general:

«Si hubiera parque, no habría manera de que sus tropas pudieran

avanzar».

Fuiste padre de héroes sin nombre,

héroes que enfrentaran a aquellos

que a nuestra nación se atrevieran traicionar,

conservadores de esta tierra maldecidos,

por su sobrada hipocresía y falta de humildad.

Así desde el Saucillo; al traidor Tomás Mejía

viste con su tropa llegar,

amenazando a tus hijos huichapenses

creyendo incrédulamente que estos no querrían pelear,

pero bien sabido es que eres de sangre caliente;

y bajo el mando de José Guadalupe Ledesma

esto mismo se pudo comprobar,

cuando la propia señorita Gómez

le suplicara a muerte luchar,

tu calle real fue testigo de aquel grupo de héroes

que no se dejaron intimidar,

desde la Casa de las Palomas hasta la torre de la iglesia

las bajas conservadoras se hicieron notar,

pero la falta de parque a las señoritas Pilar y Florencia

a su contraataque les hicieron parar,

Bernabé al igual que otros; muertos yacían en el suelo sin más.

Así es que 24 horas de ataque soportaste

honrando tu linaje; que sin duda es ancestral,

Ledesma poseído por aquel valor sin igual

cae al suelo abatido antes de más traidores

al infierno mandar.

No pudieron de las torres de la iglesia bajarte a tiros,

no si no con pacas de chile tu aire cortar;

y así gritarte «vencidos» siendo hijos de la reforma liberal,
los capellanes que se decían piadosos
exigían a tus hijos fusilar,
pero el traidor Mejía no fusilaba valientes
tal vez porque solo quería a tu enorme fiera apaciguar,
pero como vulgares ladrones
despojaron de sus prendas a Miguel Villagrán,
aquel charro lucido que por unos bandidos
la muerte sin gloria fue a encontrar,
Gumecindo Corchado y Manuel Gonzaga
al pueblo incendiado y saqueado tuvieron que mirar
mientras Mejía degustaba chocolate caliente
que humillantemente mandaba preparar.
¡Viva tu gran heroísmo!
Ese que los «mochos» no te pudieron quitar
así te excomulgaran o te maldijeran;
la patria es primero; antes que cualquier deidad.
Benito y su hijo Daniel Dorantes lo supieron
cuando al lado del general Zaragoza
la peor derrota al ejército francés se dio,
Vicente Dorantes, otro hijo de tu suelo;
que hoy día yacen en tu panteón sin cruces ni consuelo.
No les olvides, te pido humildemente con sosiego,
que si por ti ante la tiranía pelearon;
también por ti murieron.
¡Viva Silviano Gómez!
Tu chinaco guerrillero; de los franceses el terror
siendo el mejor brazo de Nicolás Romero,
que a las montañas; con su nombre bautizó.
¡Viva tu hijo Néstor González!
Sostenes Vega y Modesto García,
al igual que Félix Sánchez
que como Pascual Rubio y Luis Robredo
lucharon contra la tiranía sin el más mínimo miedo

ofreciendo el corazón.

De Crescencio González que acompañara a Juárez en su travesía

o del gran Genaro Rubio que de llamarse Napoleón

se cambiara el nombre por el odio contenido al emperador.

Del ataque a Casa Blanca, seguro tienes memoria

donde tus hijos valientes pelearan

ganándose un espacio en la historia

que nadie deberá jamás olvidar.

Coronel Vega; un guerrero temerario

que aun oliendo a la muerte, por la patria muriera

sin temor a no ser recordado,

Francisco Magos tu héroe legendario

que por la causa diera la vida

y por ella misma su cuerpo haya entregado

dejando en el campo de batalla,

pedazos de este fragmentado.

No les llores, patria linda,

porque estos héroes así lo quisieran,

más no olvides a esos malditos

que a México siempre vendieran;

y de eso no olvides sentirte orgullosa,

porque valientes sobraron para que te defendieran.

Invítame a tu casa de adobe,

a tu barbacoa a pie de horno degustar;

que soy uno más de tus hijos,

orgulloso de su identidad.

Como lo hiciera Ponce de León,

que con sus aportaciones a tu belleza hiciera resaltar,

igual que mis hermanos poetas

que a través de sus letras se han sumado a la inmortalidad.

¡Viva mi hermano José Dolores Reyes!

Aquel poeta de la reforma liberal,

que con laureles cubre sus sienes;

por a favor del pueblo pensar.

Es que de ahí tomo el ejemplo,
siendo yo tu poeta de la izquierda popular,
sin olvidarnos de mi hermano Abundio Martínez
que fuera la imagen y la sombra de aquella cruda realidad,
pero que gracias a sus melodías
tu alma siempre alegre estará.
Háblame con tu voz de cenzontle
aquel que a Manuel Chávez Nava llegara inspirar
cuando alegre sus murales pintaba
haciendo que muchos llegaran suspirar,
como lo hacen las tórtolas
aquellas que a los arcos del Saucillo pueden sobrevolar
huyendo pavorosas del temido gavilán.
Quiero perderme en tus cocoleras
y un buen pulque de tu tierra probar,
degustar la delicia de tu cabrito;
y de Atlan probar su carnaval.
Quiero en estas letras presumir tus pinturas rupestres
que hablan de tu riqueza ancestral.
De Boye, tierra de mis quereres,
de Zequetejhe, el origen de mi personalidad
porque ahí también hubo un hombre valiente
que por las injusticias llegara a luchar,
«El águila negra» le decían de frente
por su valía sin igual.
Huichapan, debes saber que te llevaré conmigo siempre
junto a todos mis hermanos que la historia te supo dar.
De pirules y jacarandas tendré mis manos
siempre dispuestas a por ti luchar,
contra aquellos que se presuman de tiranos.
Mientras me quede sangre en las venas
las injusticias no dejaré pasar,
porque yo mismo seré Huichapan,
ciudad heroica de los mártires de la libertad.

De la lanza, la punta de obsidiana,
del maguey, el ixtle terrenal,
tierra de los arcos más grandes del mundo,
tierra del sabino ancestral,
de la golondrina y el huitlacoche,
del cardón y el matorral.
En mi pecho he de llevarte, por toda la eternidad…

# IXMIQUILPAN[29]

Sangre otomí corre en tus venas,
en tus manos fuertes se labra el pedernal.
Eres tierra fértil de las llanuras,
esas donde disfrutas tu libertad.
Cual fiera indomable te defiendes
de todo aquel que atente a tu verdad.
No conoces redención porque eres guerrero,
porque eres honrado y porque eres leal.
Sabes estar en la cima porque conoces el suelo,
sabes del valor de la vida, del sacrificio y el dolor.
Con tu sangre indígena pura construiste puentes,
sometido por el colono invasor,
pero con esta misma creciste fuerte,
educando a tus hijos con patriotismo y honor,
quienes defendieran la patria de la mano de López Rayón,
para quitarte esa carga que por siglos impusiera el conquistador.
Tierra otomí ñañu, brava y guerrera; en ti se respira el valor,
valor demostrado aquel 25 de septiembre de 1865,
donde históricamente derrotaras a las tropas belgas
de aquel imperio traído por el traidor conservador.
Así defendiste la causa juarista,
así te grabaste en la historia nacional,
vertiendo tus lágrimas en el río Moctezuma
para poner en lo alto de cada cerro tu dignidad.
Eres el encino y el mezquite,
la jacaranda, el xoto y el oyamel.
Eres la zorra y el tlacuache,
serpiente y tejón también.
Eres una tierra que enamora,
que hace vibrar el corazón.

---

29 De raíces nahuas *iztli* ('navaja o pedernal'), *milli* ('tierra cultivada'), *quilitl* ('quelite') y *pan* ('en sobre'), es decir, «sobre la tierra de quelites».

Con tu escultura de Diana la Cazadora
despiertas erotismo, despiertas pasiones,
con tu danza del Ixtla y del lobo avivas corazones,
esos que se perciben en tu pantalón de manta
y vestidos bordados de color.
Eres hijo del ixtle, del ayate y del morral,
del tapete y del mecate, del jorongo y el mecapal.
Tus manos son de artesano,
aquellas que al carrizo saben transformar.
Andas con la palma en los sombreros,
luciendo tus conchas de abulón.
Eres la barbacoa del carnero,
la flor de calabaza y el alverjón.
Eres lo dulce del piloncillo, la nuez y el cocol,
bravura del pulque y de este tu sabor.
Eres tierra bendita hidalguense,
nativo legítimo del Valle del Mezquital,
único por tu sangre pura que perdura,
como tu lengua, como tu cultura,
como todo lo que eres
y que en su propia grandeza pone su hermosura…

# JACALA DE LEDESMA[30]

Es un orgullo describirte

en estas letras que nacen del corazón,

porque valiente siempre fuiste,

luchando siempre en nombre de la nación.

Tus hijos chichimecas fueron las fieras

que hicieron temer al propio español,

de ser testigos de cómo tomabas a sus hijos;

y les estrellabas en rocas causándoles horror.

Sus espaldas se cubrieron de cabelleras;

algunas rubias como el sol,

pero eso, no era nada

comparado con lo que ellos nos hicieron

en nombre de su religión.

A buen adepto te ganaste el nombre de rebelde

por ser un hijo valiente difícil de doblegar,

uno que incluso gana si pierde;

porque como el buen coyote,

sabe pacientemente esperar.

Así tus manos de huizache; nunca sometidas se verán,

porque has nacido libre;

como aquel encino; que libre morirá.

Desde tu barranca de carrizos

hasta la pureza de tu manantial,

has de mostrarte siempre

en nombre de la libertad,

aquella que héroes valientes forjaran

honrando tu nombre; defendiendo tu verdad,

siempre al lado de la justicia;

siempre bajo el mando liberal;

aquello que Guadalupe Ledesma representara

---

30   De raíces nahuas *xacalli* ('jacal, cabaña, choza'), *la* ('por') y *tlan* ('lugar'), es decir, «lugar de chozas, jacales o cabañas».

y que lejos de ti, Jacala

su propia vida por la causa ofreciera

sin temerle al conservador jamás.

Cayetano Castellanos en tu memoria,

por siempre prevalecerá,

por ayudar a forjar tu historia,

para que tus hijos no la puedan olvidar.

De Josefa Rubio; tus honores de gloria

por ser la madre de un patriota sin igual,

uno al que siempre has de recordarle

por ante las injusticias; valiente luchar.

Por ello, Nicolás Flores; en tus venas siempre correrá,

por ser aquel que te defendiera en puerto «los horcones»

y que de nuestro estado siempre será orgullo nacional,

como aquel general; Don Felipe Ángeles

que de ser tu casa destruida

contra los traidores no dudó en pelear,

honrando a nuestra patria con su sangre,

dejando su semilla en Zacualtipán.

De memoria tendrás a Tomás Mejía

aquel traidor y vulgar conservador

que no bastando con atacarte;

además de saquearte; también te quemó,

pero a esas propias llamas; su destino mandaste,

cuando en las propias manos de tu hijo

Joaquín Martínez este se rindió,

junto con aquellos religiosos e imperialistas hostiles,

que en nombre de la traición; la invasión se pronunció.

No fueron necesarios los honores

que el propio Maximiliano a tu hijo cedió,

la cabalidad y honestidad de Martínez,

en alto tu nombre instaló,

dándole el lugar al jefe del sitio,

general Mariano Escobedo,

quien amara a México con el corazón.

Por ese mismo corazón liberal; yo te admiro,

ese que en el acta de Jacala se pudiera plasmar,

calentando del halcón de ala roja su nido,

por lo que indomable siempre serás,

desde la cueva derretida

hasta los mármoles; tu parque nacional,

tu belleza ha de ser desmedida

como lo es tu valía ancestral.

En el cerro de las murallas se queda un pedacito de mi vida,

uno que sé que tu noble tlacuache conservará,

para que estas letras las platique el cenzontle

y sin duda las pueda cantar el cardenal.

Hijo legítimo del huarache,

del machete; del sombrero y el chal,

estos que Otilio Villegas honrara,

al luchar contra la injusticia social,

esa que en «Puerto Piedra» tuviera nombre,

y que estoy seguro jamás olvidarás.

De Alfonso Mayorga tu liberalismo,

de Cecilio López; tu revolucionario ideal,

del cual los cedros y capulines son testigos;

y que nadie por más que intente; te podrá quitar.

Hijo legítimo del cuervo,

del mahuaquite y de la víbora de cascabel,

del jacal donde a gusto me encierro;

para tu nombre grabar en papel,

y al final de cuentas adorarte

como tú adoras a nuestra madre luna

y al padre sol también,

pa' luego terminar y recostarme

en ese petate fresco que honra tu piel,

arrullándome con esos huapangos que cantan tus hijos,

que en el Quetzalapa suelen componer,

vistiendo entonces a tus hijas predilectas de la nación
con ese hermoso quexquemetl que haces con amor,
honrando por siempre tu linaje,
que de enebro tiene el corazón...

# JALTOCÁN[31]

Tierra náhuatl hidalguense,

con carne hecha del arenal,

eres de corazón huasteco,

guerrero chichimeca

que pelea por la libertad.

De tolteca tienes las manos,

de mexica tu fuerza y verdad,

eres el ave que desafía los cielos

y que con su mística danza prueba su valor de más.

En tus arterias yace dormida

más que solo la Sierra Madre Oriental,

yace ahí un poco de la patria mía

que en tus acantilados se puede encontrar,

ahí junto al volador de Tlanepantla

que de náhuatl su lengua florecerá.

El río Jelta te pone en alto,

como tu selva, como tu pasto,

honrando tu piel rica de naranjo,

hijo legítimo de la guayaba y coachapo,

de la berenjena, el chicozapote y capulín.

Eres la fuerza brava del tigrillo,

aquel con ojos vivos de halcón,

hecho de víbora de cascabel y el coralillo

que del pueblo mexicano son símbolo de la nación,

así como tus sones huastecos

que en la danza del apache se suelen tocar.

Quiero perderme en tus calles,

y de ahí admirar tu carnaval,

mientras orgulloso porto tu jorongo y de ixtle mi morral...

---

31   En náhuatl significa «lugar en donde hay arenales».

# JUÁREZ HIDALGO[32]

Eres el corazón de la Sierra Madre Hidalguense,
aquel que en su cantera refleja calidad,
calidad de que por nombre seas grande
como el mismísimo Hidalgo
quien luchara por la libertad,
para ser consumados después por Juárez,
siendo un patriota que a México le diera identidad.
Eres la montaña fecundada de matorrales,
la peña colorada que nos invita a poderte admirar,
hermoso por tus paisajes naturales,
esos que hablan de ti de manera colosal.
En tus venas de ocote-nango y abrevadero
vida misma se puede encontrar,
escuchando tu voz de jilguero y cenzontle,
tu fuerza de coyote nadie se atreve a desafiar.
Eres lengua indígena náhuatl,
ocote rojo y nopal,
tierra del encino negro
que con paliacate en el cuello
y vestido de sarape nos invita a pasar
para así perdernos en tus artesanías de cuero
y en tus platillos de sabores sin igual.
Por eso te admiro; por eso te quiero,
tierra indígena pura
que no he de olvidar...

---

32    De nombre original San Guillermo Iztapanitla, cambiado al constituirse el municipio.

# LOLOTLA[33]

Bendita tierra de sangre tolteca,

en tu corazón la piedra y el hilo has de llevar,

prendida siempre de flores tan bellas,

tu tierra es un primitivo altar.

Gloria es despertar entre tus jagueyes

y en ellos descubrir la libertad.

En tus venas por cuencas y ríos tienes

desde el Moctezuma hasta el Amajac.

Amo perderme en tus neblinas,

estas que casi en todas tus tardes

se atreven a desafiar a todo aquel que libre camina

y te respira entre la arcilla y el campo forestal.

Tienes los ojos del búho y la sobrada destreza del jabalí,

eres la fuerza del lince y la belleza del venado cola blanca

que en tus tierras adoran vivir.

Amo la calidez de tu gente

y a tus lenguas náhuatl y otomí,

eres tierra fértil de café, azúcar y maíz.

De madera son tus huesos; de huarache es tu andar,

tu silueta es de águila y de estrella tu mirar.

En la cueva del león aguardas

como quien espera al enemigo atacar,

cultivando tus sabias palabras

que en tus hermosos lugares

y grandiosas montañas puedes hablar.

Eres el zacahuil de maza martajada,

vino de frutas y aguardiente de caña,

morral de piel y piedra tallada,

el carrizo y el quequetztle

que por historia llevas en las entrañas...

---

33    De origen náhuatl, es una deformación de *teololotla,* que significa «lugar de cantos roda-
dos».

# METEPEC[34]

En tus venas corre el agua miel,
esa que hace que el hombre te quiera,
agua legítima del maguey
que en tus cerros abunda donde sea.
Campo de batalla fuiste
en los andares de la revolución,
ahí en la historia te escribiste
para que nadie olvidara
tu valiente corazón.
Aquel que lo protege el encino negro,
aquel con aroma a oyamel,
de manzana y durazno su centro
que las aves cantoras disfrutan tener.
Eres vibrante en el sonoro eco,
exótico como el musgo y el palmar,
eres el gavilán valiente
dispuesto a por tu nombre pelear.
Eres otomí de sangre caliente,
aquel que solo cree en su libertad,
eres el río que lleva tu nombre,
de tu campo, la fuerza y voluntad.
Que el mundo se entere y se asombre,
que como Metepec no habrá otro igual...

---

34 En lengua náhuatl significa «en el cerro del maguey», de las raíces *metl* ('maguey'), *tepetl* ('cerro') y *co* ('en').

# METZTITLÁN[35]

Cerca del corazón te siento,

pedacito de patria mía,

vivo en lo profundo de mi pensamiento,

este que sin duda; un día de ti hablaría.

Con orgullo es que lo intento,

tierra que nadie conquistaría;

haciendo que el propio europeo

temiera dejar en tus suelos la vida.

Eres chichimeca que nadie pudo conquistar,

por tu mezcla de azteca y tolteca,

que a tu linaje aún se atreve a conservar,

por esa fama de invencible es que te admiro,

por tu temeraria fuerza y valor sin igual,

por tu sangre pura Metzca

que a tus hijos heredas de manera ancestral.

José María Escamilla ejemplo de patriota en el tendrás,

como de Velasco Cruz; mismísimo orgullo liberal,

ese que al propio imperialista

el terror en su pecho pudiera sembrar.

Hijo del maíz; hermano de la coa,

de los manantiales de Kinjua,

del sombrero de palma y del carnaval,

de las laderas que asombran

y que a tus profundas barrancas

invita en la memoria guardar,

como aquella que lleva tu nombre

y que hace honor a tu grandeza Metztitlán.

Préndeme de tu aroma a retama,

mientras descanso bajo aquel nogal,

pa' luego seguir la faena

---

35    Del idioma náhuatl *metzili* ('luna') y *tlan* ('en'), es decir, «lugar de la luna».

y junto a los descendientes de Xólotl trabajar,

de aquellos que sufrieran durante la conquista

por sublevarse ante la corrupta tiranía;

que el europeo junto con su religión sabían ocultar.

Pero por más que te ultrajaran

tu legítima belleza no pudieron robar,

esa que disfrutas en «La Vega»

cubriendo de enebro tu andar,

andar que siembra el chichicastle

que como al sauce; tus niños suelen trepar.

Déjame perderme en tu bella laguna;

y de ella un buen bagre pescar,

pa' al pie del fogón sentarme

junto con todos tus hijos y el aguardiente degustar.

Hermano mío y del quelite,

del fecundo maguey y del nopal,

de la mítica Peña del Aire,

del achiquilichi y del coyote que velan tu andar.

Sírveme un vaso de pulque

mientras tu prieta linda prepara el sacatamal;

y así terminemos juntos tus bancos de madroño

que esta Sierra linda gustosa nos da.

Arráncate pues con tu jarana;

pa' un buen huapango tocar;

y hacer resonar mis huaraches

hasta que el polvo se pueda levantar.

Irme de tu lado pronto no quiero,

no sin antes a tus pinturas rupestres en mi corazón guardar,

llevándote en el alma bien adentro,

sabiendo que en algún lugar de la luna;

por siempre estarás...

# MEZQUITITLÁN[36]

Al puro silbido del águila
que sobrevuela la Sierra Madre Oriental,
es que tu nombre levantas
entre el mezquite y el palmar.
Tierra del sauce y del encino
que a tu corazón cubren para la eternidad,
pues del viajero eres amigo
mientras que este no se atreva
a tu presencia desafiar.
De eso la historia es testigo,
cuando ante el enemigo
no te dejaste capturar.
La barranca «Los Venados»
te guarda aquel último latido
de tus hombres valientes,
que sin parque ante los franceses
su vida al vacío decidieron ofrendar,
ganándose con orgullo el apodo «Los Alacranes»
por ese valor mexicano
que ningún extranjero jamás tendrá.
Así en el canto del jilguero serán recordados,
héroes sin nombre que la patria no olvidará.
Padre del coronel Marcial,
aquel que nunca vendiera su suelo
y conservara su dignidad
cuando riquezas le ofrecieran
pa' por la defensa dejar de luchar.
La sangre de esos traidores
a tu orgullo vistieron
al no dejarte entregar.

---

36    De raíces nahuas *mezquitil* ('mezquite') y *tlan* ('lugar'), es decir, «lugar de los mezquites».

Hermano del maíz y de la alfalfa,
del chile, del halcón y la calandria,
aquella que gustosa en tu laguna se baña,
pa' cantar los poemas de Alberto Ángeles
que estoy seguro extrañas.
Así me marcho;
con la cueva de La Malinche a mis espaldas,
con el recuerdo intacto
de que tú eres un pedacito de la patria...

# MINERAL DE LA REFORMA[37]

Poco a poco y sin notarlo,
me fui encontrando contigo;
entre la espina del mezquite
y la frescura del encino.
Camuflajeado te encontré
entre el cantar del gorrioncillo
que en su lengua náhuatl me decía
un colorido «bienvenido».
Apenas y pude verte
con tu traje de charro lucido,
que bordado de plata
tú presumías altivo.
Yo me puse tus huaraches
bajo aquel pirul sombrío
para ir a la charreada
que en tu pecho es latido.
República de indios te llamaron
aquellos conquistadores malditos
que abusando de tu suelo
te saquearon sin sentido.
Pachoacan, tu nombre nativo,
he de llevarte en la memoria
por siempre conmigo,
así como la paloma
que acarrea con su pico el trigo
cruzando el río «Los Hules»
hasta al fin llegar a su nido.
Así he de venerarte,
tierra del pulque y el mixiote,
que gustosos ofreces a tus amigos…

---

37   Conocido comúnmente como Pachuquilla, es decir, «la pequeña Pachuca».

# MINERAL DEL CHICO[38]

Yo me pierdo en tus montañas
y en lo fresco de tu ambiente,
en tus frías mañanas de neblina
y de delicioso café caliente;
brutal en tu neblina te impones
cubriendo a tus pinos y encinos
que visten a tus rocosas formaciones.
Eres un gigante colosal,
víctima del tirano conquistador
que como tarea se dio
a todo de ti querer saquear
sin la más mínima compasión,
pero por más que quiso,
no pudo quitarte tus ojos de plata,
ni cortar las venas de tu manantial.
Cuatrocientos años no bastaron para arrancarte
ni esa riqueza, ni tu libertad.
Tus techos rojizos se combinan en el ambiente,
en lo verde y majestuoso que cubre tu piel,
piel de minero valiente,
que no muere de rodillas, sino de pie.
¿Cuál más puede de ti enamorarse
si el mismo Porfirio Díaz, hombre de hierro,
se maravilló al verte también?
Yo sé que nadie que te conozca
te sacará de su mente,
pues eres hermoso madroño y majestuoso oyamel,
el tierno armadillo y el salvaje gato montés.
Eres abrigo en tus callejuelas sinuosas y coloniales,
estas que admirarte; exigen también.

---

38   Conocido originalmente como Real de Atotonilco, diferenciado simplemente como «El chico».

Tu frente, peña del cuervo,
tu sangre, el agua cristalina
que ante todos se deja ver.
Tierra fresca de las montañas,
es un orgullo poderte conocer
y grabarse a tus parques en la memoria
para en cada latido; tuyo volver a ser...

# MINERAL DEL MONTE

Conocido como Real del Monte desde tiempos coloniales,
yo te admiro con el alma
por ser de la patria un eterno guerrero,
por sumarte a las causas
poniendo siempre a la libertad primero.
Honor por tus casas quemadas;
donde franceses invasores murieron
sin darles tregua de nada;
al verdadero infierno,
en manos de mexicanos conocieron.
Guillermo, José María y Evaristo,
héroes que tus hermosos callejones conocieron,
como al mismo Porfirio Díaz,
un general que no conociera el miedo
y que en cada batalla se cobrara
de aquellos que de la patria se sentían dueños.
Miserables quienes te saquearon,
hurtando la riqueza de tus suelos,
esclavizando a mis hermanos
por una corona de extranjeros.
Españoles e ingleses; de tu valor se nutrieron,
los primeros con creces,
pues cobardemente de ti se sirvieron.
Por ello lloro contigo,
porque pese a todo siempre fuiste bueno,
pero saberte por ellos esclavo; de nuevo verte no quiero.
Hermoso suelo montañoso de exuberante vegetación,
fuiste noble con los ingleses;
que hasta les diste un panteón,
aquel situado entre los oyameles
y que Richard Bell despreciara con honor.
Honor como el de Elisa Acuña Rosetti,

a quien le brindo estos versos con amor,
por ser una mujer valiente y fuerte
y luchar sin miedo contra el dictador.
Así como Camerino Mendoza,
que en las manos de Huerta, él y sus hermanos
murieran sin compasión;
tus edificios antiguos son testigos
de aquellos hechos que la patria sufrió,
por ello es que eres tan querido
e imposible de borrar del corazón.
Así es que quise perderme en tu peña del águila
y a través del canario escuchar tu voz,
esa que me lleva al valle de las peñas cargadas
mientras disfruto de tus manos artesanas un cocol.
Así en medio de la travesía,
no pude negarme a tu cascada
ni a tus tres ríos al fin conocer,
pa' sentarme luego bajo el avellano y admirarte
bajo cada encino o ciprés.
Hijo legítimo del ocote;
de la peña del Zumate y el oyamel,
de tus exóticos árboles frutales;
que a tu descendencia les da de comer.
Hermosas tus palomas
que sobrevuelan el bosque del Hiloche,
donde al pie de tus pinos tus niños
deliciosos pastes se disponen a comer;
hermano del carnaval y del pulque también,
del hongo de maíz que tus mujeres preparan sin saber;
sin saber que me he enamorado de tu sangre tolteca
que en mis arterias, estoy seguro, corre también...

# LA MISIÓN

Por encomienda de los frailes franciscanos se denominó así,
majestuoso aquel brillar de tus montañas,
parte exuberante de la Sierra Madre Oriental,
eres sin duda un lugar hermoso
por todo ese campo forestal.
Únicos tus bosques espinosos,
en ellos se respira la libertad,
eres uno de tantos lugares hermosos
que este preciado estado pueda regalar.
Has de convertirte en el venado,
has de ser viento que regale paz,
pues tribus guerreras te formaron,
siendo cíbola tu nombre ejemplar.
Sangre chichimeca tienes en tus manos,
los Jonaces en tu piel grabados están,
parte preciosa de la Sierra Gorda,
eres una tierra que mis ojos jamás podrán olvidar.
Eres el gato montés y el tigrillo,
el bordado sobre la tela de uso tradicional.
Aquí entre tus manos me siento querido,
bajo el tejamanil que del frío sabe apartar.
Amo tus dedos de artesano,
aquellos que al ixtle saben transformar.
Bendito sea tu río de las fuentes
y río blanco que no se queda atrás.
Eres el ayate y el sesto,
la jaula y el morral,
la exquisita carne de cordero,
las dobladas de maíz que disfruto degustar.
Eres los hongos y la cecina,
paraíso querido que jamás he de olvidar…

# MIXQUIAHUALA[39]

En tu corazón florece el mezquite,
de ideales puros; tus cortezas grabadas están,
porque supiste defenderte ante el invasor
con tu legendario grito de libertad.
Desconociste al tirano
que en nombre de su imperio
trató de a tu tierra pisotear.
De las cenizas levantaste guerreros,
guerreros de pensamiento liberal,
aquellos que defendieron tu suelo
por una patria que no los ha de olvidar.
¡Viva el zapatista y poeta Arturo del Castillo!
Un hombre que a tus tierras mismas les diera identidad.
Tu antigüedad es memorable,
tu historia lo es aún más,
pues en ella tienes escrito
que llevas la sangre chichimeca en tus venas
y a los aztecas en tu andar.
Andar que es de gigantes,
como la misma Sierra Madre Oriental,
eres el trinar libre de las aves,
esas que en la región del Pánuco se pierden al volar.
Tus cuencas son cunas de maizales,
tus corrientes de agua un paraíso terrenal,
eres el huarache y el reboso,
la roca misma donde se graba el nombre
de una patria sin igual…

---

39   De origen nahua, que significa «lugar rodeado de mezquite».

# MOLANGO[40]

Entre tus selvas y bosques prominentes,
paz yo pude encontrar,
y al ver tus enormes montañas,
las lágrimas de tristeza comenzaron a brotar,
al recordar cómo los carrancistas
a tu pueblo vinieron a incendiar;
y como unos vulgares ladrones,
a tus hijos se atrevieron saquear.
Pero después me llené de júbilo,
nada más al recordar al padre de Felipe Ángeles,
un sargento sin igual,
por haber peleado por todo el estado contra el yanqui,
siendo de este suelo un hijo natural,
como su propio padre don Manuel Ángeles,
quien por la independencia no dudó en luchar,
siendo este la semilla del gran linaje
de nuestro heroico artillero y general,
que en la revolución luchara por una patria por igual.
Hijo de sangre náhuatl azteca,
que por tus raíces, Tomás Ramírez y José Cano
ante el invasor norteamericano
en nombre de la patria no dudaron en pelear.
De ahí tantos héroes a los que les honras su memoria,
por mostrarte como una fiera imposible de domar,
así como la mazacoatl que en tu Sierra suele estar,
hijo del mahuaquite y el coralillo,
que en el batallón Orosco,
revolucionario te hiciste notar.
Déjame beber de tus manantiales de Xotico
y bañarme en lo profundo del Atlapachotl,

---

40    Derivado del náhuatl *mulli* ('mole') y *co* ('lugar de'), es decir, «lugar del mole».

como bagre en tu laguna azteca; sentirme rico
ante toda esta belleza ancestral.
Hijo del sauce y la caoba,
del ébano y el cuatlapal,
que de margaritas tu frente adornas
mientras también floreces en el alcatraz.
Libre águila; tu descendencia,
esa que vuela sobre el caxhuacán
que Manuel Sánchez Vite viera
como una belleza sin igual.
Tráete los geranios y las hortensias,
vamos a tu madre, la Sierra Alta, visitar;
y ahí entre tus profundas barrancas,
tu vino de frutas degustar.
Que al lado de tu guaparra,
nada nos asusta y tranquilos
podremos a tu casa llegar;
y sentarnos en tu mesa para un buen mole probar.
Así me marcho abrazando tus encinos,
antes de al bálsamo llegar,
y ahí dedicarte mis latidos,
jurándote; pronto volver a regresar...

# NICOLÁS FLORES[41]

Allá en lo alto de los cielos,

claro se divisa tu nombre;

entre el águila y su vuelo,

predominas, Nicolás Flores.

Aquel que fuera tu fiel guerrero,

y en la batalla de Xhanñhe,

asistiera a tus hijos con honores.

Heroico cuerpo revolucionario

fuiste ante quienes por sus intereses se segaron,

y no solo a la patria,

sino a la causa misma traicionaron.

Hijo de las montañas de Itatlaxco,

del mezcal y el aguardiente,

de los valles que te hacen ver bello,

ancestral y diferente.

En tus manos guerreras crece el encino,

en tu pecho nace el huizache,

ese que de tórtolas se llena

cuando apenas se avecina la noche.

Hermano del Puerto Piedra,

padre de la Villa Juárez,

tienes todo para que se te quiera,

desde el álamo hasta los manantiales.

Eres coyote y víbora de cascabel,

tierra de valientes,

de hijos del maguey…

---

41 De nombre Santa Mari Tepeji originalmente, nombrado así en honor al revolucionario y primer gobernador después de la Revolución mexicana.

# NOPALA[42]

Sangre de chinaco corre en tus venas,
como la de aquel que naciera del huizache y el nopal,
aquel que entre las rocas soñara vivir como las águilas
y que al lado del General Zaragoza
ante el francés no dudara en pelear.
Padre de este «León de las Montañas»,
de ideales profundos, hermano liberal,
que por la patria luchara desde la guerra de reforma;
defendiendo como un gato montés,
atacando como un águila real.
Aquel que de cascabel tenía la ponzoña,
misma que al imperialista hiciera temblar.
De Nicolás Romero tendrás memoria;
un nopalteco excepcional.
Como aquel cura José María Correa
que al lado de Morelos defendiera la libertad.
Luis Robledo, patriota; un juarista sin igual,
como el coronel Félix Olvera,
o el mismísimo Vicente Villagrán;
por el que hoy llevas el nombre
por ser un orgullo nacional,
ya que ante las intervenciones a la patria defendiera,
peleando con orgullo incluso contra el traidor rapaz.
Padre de aquellos héroes insurgentes
que la patria nunca ha de olvidar
por ser hombres duros y valientes
que sus vidas ofrecieran sin dudar,
Ignacio, Martín y Modesto en tu mente,
solo por algunos mencionar,
porque héroes sin nombre tendrás siempre,

---

42 De raíces nahuas *nopalli* ('nopal') y *la* ('lugar de'), es decir, «lugar de nopales».

dispuestos a dar su vida y por ti luchar.
Mucha patria eres;
para que alguien te demerite
o que por culpa de Conín se atrevan a tu linaje juzgar.
Que de chichimecas fuera descendiente,
no es tu culpa, pueblo lindo,
que este a nuestros hermanos nativos
llegara a traicionar.
Un monumento de piedra;
no justifica sus acciones,
ni de la historia estas se han de borrar.
Pero tienes mucho
por lo que vibran nuestros corazones,
y eso no cualquiera puede lograr.
Tierra legítima del pulque,
del queso y la barbacoa,
del huarache y el traje charro;
que con orgullo sabes portar.
Hijo legítimo del coyote,
ese que en tus cerros disfruta estar,
del mezquite y el huitlacoche,
del metate y el manantial.
Por ello siempre he de admirarte;
sobre todo, por tu historia cultural,
pedacito de la patria valiente
que en el rostro de tus hijos
siempre se ha de notar...

# OMITLÁN DE JUÁREZ[43]

Ya me habían dicho que eras bello,
que eras digno de admirar;
y desde que leí tu nombre lo creo,
de Juárez, Omitlán.
Desde la peña del Zumate
al cerro del Gallo estás,
en medio de dos reales
de dos muelas serás,
hecho de encino; de oyamel, de nopal,
de corazón de pino; de quebrancha y tepozán.
Déjame subir al madroño
para a tu pueblo divisar
antes de que la tuza vuelva,
a su bosque reclamar;
y me descubra recitándote el poema
de tu hijo Gonzalo Vivar.
Así entonces seguirme de un hilo,
recitando la poesía de Jasso
que en la revolución decidido ayudó a luchar,
como lo hiciera Andrés Manning,
hijo de la masonería liberal.
¡Viva así José Antonio el insurgente!
Que, de ser fusilado,
nunca se negó a defender la libertad.
Aquí al pie de tus montañas;
y ante el valor de tu víbora de cascabel,
agradezco que no traicionaras a la patria
aun cuando a Maximiliano te quiso conocer.
En tus venas corre la sangre del antimperialista
y vencedor de casas quemadas,

---

43   Con dos traducciones nahuas, «lugar de dos» y «dos muelas».

Don José María Pérez,
quien luchara contra el invasor francés;
y que en tus selvas cual zorro,
ni la sombra le pudieron ver.
Voy a tomarme de tu aguardiente un sorbo
para a tus calles alegre volver
y recordarle a toda tu gente
de lo orgullosos que por ti deben ser…

# PACHUCA DE SOTO[44]

De mi pecho un suspiro,

de mi estado capital,

a ti, Bella Airosa, yo te escribo

por tu valía sin igual.

Es en tu corazón de oro y plata,

donde tu historia misma se llegó a acuñar,

siendo tú la novia del viento escarlata,

y de Fernando Soto; la madre de un liberal.

Déjame admirarte con asombro,

como lo hicieran tus artistas en su mural,

plasmando ahí tu imagen viva;

y tu enorme belleza cultural,

misma que en tu conjunto montañoso se puede mirar,

siguiendo el vuelo del huitlacoche

que airoso se pierde entre el matorral.

Poco a poco tus manos de biznaga me atrapan;

y hacia ellas me tiendo a aferrar,

para no querer desprenderme,

para no quererte soltar,

aguardándote así en el cerro de las navajas,

donde a través de tus vestigios arqueológicos

el principio de tu historia se comienza a contar,

comenzando por tu obsidiana verde,

que en puntas de flecha se puede encontrar,

como aquella lechuguilla, como aquel nopal,

este que representa un símbolo sagrado

en nuestra bandera nacional.

Eres hermana del Xantolo,

del buen minero que disfruta del carnaval,

ese que celebra tu pueblo;

---

44    Deriva de la raíz nahua *pachoa* ('estrechar') o ('lugar estrecho'), con el apellido de quien fuera impulsor en la creación del estado, Manuel Fernando Soto.

y que de alegría a todos suele contagiar.
Única es tu belleza que yace dormida entre la cañada,
entre el cerro del Cuixi de la descendencia de Itzcóatl
donde al propio europeo enfrentaras
sin miedo a tu vida entregar.
Hija legítima de otomíes y chichimecas,
de la plata florecida y de Tenochtitlan,
del cardón que crece libre en tu tierra,
esta que el conquistador se atreviera a saquear,
pero que aún y con todo eso;
tu hermosura no te pudo quitar,
esta que corea el cenzontle
en su rebelde y tierno cantar.
Así es que desde tu honorable plaza Juárez
hasta tu bello reloj monumental,
no te cansarás de tu grandeza demostrarles
a todos tus hijos de Hidalgo,
que de este pedacito de patria;
orgullosos por siempre estarán.
Patria que defendieras al hombro con Osorno,
ofreciendo a tus hijos para pelear.
¡Viva Pedro Espinoza y Miguel Serrano!
¡Viva Vicente Beristain!
Héroes que deben ser recordados
por su gallardía y furia cabal.
Así mismo Mariano Matamoros,
hermano de la lucha por la libertad,
este mismo que se acurrucara en tus manos
siendo de Morelos; el amigo más leal.
Así fue tu dicha de mirar a nuestros hermanos,
estos que al plan de Iguala
en tus calles vinieran a proclamar.
Por eso sé que en tu pecho los llevas guardados,
Guadalupe Victoria y Nicolás Bravo,

dos patriotas que ninguno de tus hijos olvidará,

por ser de México valientes gallos

que nuestra historia por siempre honrará.

Así después se hicieran diferentes mandos

por la manera libre de pensar,

pero que sin importar esto; ambos ideales se unieran

cuando intervinieran los norteamericanos

donde tú misma fuiste testigo

de lo que estos bandidos de tu casa se llegaron a robar.

Pero una vez más, lo más valioso no te quitaron,

y es eso que en el rostro de tus hijos se puede reflejar,

la armonía y el orgullo de ser mexicanos,

de ser el águila que devora la serpiente sobre el nopal.

Así los cobardes conservadores tu suelo hayan violentado,

apoderándose incluso de tu libertad,

para luego por Campos ser derrotados,

siendo Pedro Ampudia quien a frailes llegara a desterrar.

Pero más orgullo has de sentir hoy en día,

cuando a Santiago Tapia y Porfirio Díaz

en tus suelos vieras pelear,

venciendo de antemano la tiranía,

aquella contra la que luchara un liberal.

Por ello te honro, pedacito de patria mía,

que en cada transformación de México

una plaza pudieras fundar,

quedando una pendiente todavía,

esta que Andrés Manuel López Obrador

tras la revolución de las conciencias

orgulloso puede representar;

y que hoy tu propio hijo Julio Ramón Menchaca Salazar

a más de cien años de caciquismo pudiera derrotar,

honrando tu sangre legítima y brava

dándole al pueblo hidalguense justicia social.

Desde tu río hasta tu sierra;

honraste pertenecer al distrito militar,
por tener el alma de una guerrera
que, ante el imperialista francés,
no se dejará intimidar.
Qué importa si Maximiliano te conociera,
al presidente Juárez le juraste tu lealtad,
misma que a ti, bella Airosa, se te devolviera
cuando al fundar el estado
a ti se te diera la capital.
Por todas las batallas que has librado,
glorificado tu nombre por siempre será,
siendo testigo de aquellas en nombre de Tuxtepec,
hasta las que representara Don Nicolás.
Grandiosa tu belleza expresada en el porfiriato,
misma que en tus monumentos históricos se puede admirar,
y que despierta el interés de propios y extraños
cuando a tu reloj y panteón se atreven a mirar,
aquellos que el hijo del General Porfirio Díaz hiciera
bajo sus diseños, como una obra monumental.
Por eso digo que tal belleza no la tiene cualquiera,
tu poeta Rafael Vega lo supo expresar;
y que a pesar de ser escenario de batallas revolucionarias,
nadie a estos honorables regalos se atrevió a tocar.
Por ello es de reconocer a mis hermanos,
Jesús Silva y Ramón Rosales, que contra el porfiriato
en armas decidieran a tu pueblo levantar,
dejando tu patrimonio intacto,
aquel mismo que Gabriel Hernández honró en respetar,
héroes que llevas en tu pecho grabados,
héroes que no has de olvidar.
Perdón te pido si algunos no son mencionados,
y junto con ello te entrego mi humildad,
que en la rotonda de los hidalguenses ilustres
bien ganado tendrán su lugar.

Así es que me pierdo en tu vuelo de tórtola,
a un buen paste en tus parques degustar,
en esos donde no pasan las horas;
y que tus jóvenes frecuentan
antes de ir a la universidad.
Quiero ver a tus hijos jugar a la pelota,
que de este deporte eres cuna nacional,
herencia de algunos ingleses,
que en tus minas llegaran a trabajar.
Quiero ver el origen de Jony González,
el «bombardero» del boxeo internacional;
y que en alto pusiera tu nombre,
siendo un pugilista profesional.
Hay tanto que quisiera al mundo de ti contarle;
y quizá las letras no me lleguen a alcanzar,
pero has sabido ser una buena madre,
una por la que yo mismo
estaría dispuesto a luchar...

# PACULA[45]

Casa de carrizo, de barro y paja,
con sabor a maguey y sombra de palma,
de maíz tus hijos;
de rosas tu cama;
de lechuza tu silbido
de tierra roja tu alma.
Sangrado corazón de cenzontle,
alegría de hermosa calandria;
tienes pies de cedro,
brazos de pino y calor huasteco,
aquel que decora con margaritas a su amada
haciendo lucir su hermoso pelo.
Estás presente en los geranios,
que se miran colgar en tus ventanas,
eres meseta; eres cañada,
roca fuerte de cultura nahua,
eres cardenal; eres águila,
sonoro cascabel que asusta y encanta,
que no se doblega; que no se agacha,
así la cruz fuera por delante;
y cobardemente en la espalda la espada...

---

45    Región anteriormente habitada por grupos de habla pame, la cual casi ha desaparecido; por ello se deriva el nombre.

# PISAFLORES

Lugar que hace alusión a la abundancia de flores
yo vengo a enamorarme de tus aromas;
esos que despides en flor
y que airosa vistes desde el Moctezuma
pretendiendo de todos robarnos el corazón;
madre de Nicolas Flores
quien por la patria fielmente luchó.
Posees una belleza encantadora
hecha de manantiales y tropical color,
de la hacienda Tempomocho princesa;
que con jacarandas y camelinas elabora su rubor;
hija del águila y el tecolote,
del cascabel y el alacrán;
que con flores decora su nombre,
bañándose en el aguardiente
entregándose en el mezcal.
Hija legítima del huapango;
del encino y el árbol frutal;
de aquel palo rosa tan bello;
y del imponente framboyán,
hermana del quelite y el cilantro,
que en la Sierra Hidalguense se pueden encontrar,
ahí bajo las cañadas,
donde el campesino fuma su tabaco;
y a su jornada pretende comenzar
llevando en su itacate
aquel platillo huasteco que enamora su paladar,
tierra legítima del bagre,
del camarón y la acamaya
aquellos que alegres invitas
a quien te venga a visitar...

# PROGRESO DE OBREGÓN[46]

Llevas en el nombre el progreso de la gente
gente que le gusta trabajar,
que no se atiene a la suerte,
y que ante la adversidad; sabe luchar.
Hijo legítimo de sangre otomí tolteca,
de corazón de huizache y mirada de gavilán,
naciste sin miedo en las venas;
y en las novilladas eso se puede mirar,
donde admirable es tu entrega
como tu trabajo; cosechando el maizal,
hermano del maguey y del nopal;
del cactus y del órgano;
de la biznaga y el matorral,
estos que en el Dorondeje y el Cibi se pueden encontrar,
como algo digno del valle del mezquital,
eres la flor de calabaza y el hongo de maíz
que de tus brazos se abraza;
para a los pies de la Sierra Madre Oriental
nacer con añoranza,
eres la fuerza de Xochitlán
y la belleza del oyamel,
aquel que honra «La venta» como tu primer nombre
y del general Obregón su apellido también…

---

46   Nombrado antiguamente como Venta, pero dado su crecimiento se denominó Progreso.

# SAN AGUSTÍN TLAXIACA[47]

En lo alto de tu cielo,
se divisa el gavilán,
imponente en su acecho
demuestra libertad.
Eres hijo legítimo del pulque;
del maíz; del nixtamal,
de la sangre legítima otomí,
que al imperio tolteca dejó transitar
cuando este se dirigía a Tollan,
ahí entre los árboles del juego de pelota
que todavía a tus pies se pueden encontrar.
Eres fuerza guerrera azteca,
imponente Tepozán,
que siendo hermano de «El picado»
ante el diluvio, enterrara a la comunidad.
Eres pirul y eres mezquite,
cardón, huizache y nopal,
cebada que crece libre,
en las manos de tus hijos
que nunca te han de olvidar,
aquellos que bajo la sombra del fresno
tu lechuguilla honran degustar…

---

47 Derivado de la lengua nahua, significa «entre los árboles del juego de pelota».

# SAN BARTOLO TUTOTEPEC[48]

Vuela el ave libre por los cielos,
vuela con tu nombre grabado en papel,
no conoce ni fronteras ni miedos,
vuela y se posa sobre el oyamel.
Qué hermosas son tus mañanas,
qué hermoso es tu atardecer,
los encinos corean tu nombre
y los pinos gritan
¡San Bartolo Tutotepec!
Eres la fuerza del cedro,
de armadillo llevas tu piel,
eres el halcón que vigila desde el cielo,
eres el tigrillo y gato montés,
eres el mixiote envuelto en la penca de maguey,
eres el aguardiente y el vino también,
esa fuerza legendaria en tu gente,
esta que nunca se sabe vencer…

---

48  Compuesto de la lengua nahua *tototl* ('pájaro') y *tepec* ('lugar de'), es decir, «lugar de pájaros
o aves».

# SAN FELIPE ORIZATLÁN[49]

Los huaraches se me rompieron
de tanto caminar,
entre tus cordilleras y valles,
hermoso Orizatlán.
El calor me ahogaba
y solo tu aguardiente me pudo calmar,
ese que de la caña inventas;
y que tú bien sabes preparar,
para darle valor al viajero
que a tus barrancas pide visitar;
y así se enamore de tus acantilados;
que gustosamente nuestra Sierra Madre te pudo regalar,
al igual que a tu selva exuberante,
que embelesa las orillas del Tultitlán.
Tierra de la víbora de cascabel y la guaparra,
del ayate y el jabalí,
del gato montés y sus garras,
a donde vine para enamorarme
y no quererme ir.
Invítame a probar tu pollo ranchero,
o con tu familia degustar el zacahuil,
pa' luego pegarme a su jornada,
sembrando frijol y maíz.
Déjame ver tus danzas,
y a tu lado en las charreadas sonreír,
que de esta visita me iré con ganas
con ganas de a tu lado volver a venir,
suelo arcilloso del venado y el tlacuache;
pedacito de cielo que por siempre llevaré en mí...

---

49  Compuesto de dos lenguas; latín *oriza* ('arroz') y en nahua *tlan* ('en'), es decir, «lugar de arroz».

# SAN SALVADOR

En honor al salvador Cristo
hijo legítimo del valle del Mezquital,
del huizache, del encino, del nopal,
de aquellas aves cocoleras
que sobre el mezquite suelen estar,
vigilando tus maizales
antes de una jugosa tuna degustar.
Eres el cenzontle de cuatrocientas lenguas
que sobrevuela las llanuras,
que profundiza la sierra,
aquellas que fueron caminadas
por otomíes y toltecas,
haciendo de tu cultura
una de las más bellas.
Eres el ixtle y el carrizo,
que mi hermano artesano sabe transformar.
Eres lo elegante del vino;
y sin duda, lo elegante del mezcal,
padre de la tórtola que sobrevuela los magueyes,
hermano de la golondrina
que se baña en tu manantial,
de la víbora de cascabel la ponzoña,
cuando alguien en peligro pone tu libertad.
Eres cardón y eres hormiga,
mixiote de pescado y barbacoa,
inspiración de Eusebio Escamilla
que por el campesinado
no dudara en luchar,
hermano de la danza originaria;
del pirul y la pitaya;
del fresno y el oyamel
que humildes sombras nos regalan

para a sus pies sentarnos a comer
aquel platillo de camarones en mole verde
que en ningún otro lugar podría haber.
Desde la peña colorada,
hasta el cerro del corazón,
desde el Xiotho hasta el Chicanaxco
te dedico mi canción,
esa que me nace del alma
como este poema de amor...

# SANTIAGO DE ANAYA[50]

En tierra colorada grabas el nombre,
de aquel hombre valiente
que no se dejara pisotear;
que ante el invasor no inclinara la frente,
siendo así que por su valor
la vida no le pudieran quitar.
Pedro M. Anaya, el hidalguense,
en cada uno de tus hijos grabado está
desde la Sierra Madre Oriental
hasta la punta del Xenfani,
desde el Tepha hasta el río Amajac.
Descendiente del quelite y la nube,
a tu hijo Emilio Bruno es que viste partir,
para unirse a las tropas villistas
y a esa noble causa servir.
Eres el coyote y el tlacuache
que en la voz del poeta Camargo
se escuchan decir;
honrando tu carne de mezquite y cactus
para con un buen trago de agave
en tu tierra vivir feliz.
De escamoles tu linaje;
de pulque tu existir;
existir que en las grutas del Xoxafi,
en sus pinturas rupestres, se puede sentir...

---

50 En lengua náhuatl significa «en tierra colorada». Compuesto con el apellido del general
Pedro María Anaya.

# SANTIAGO TULANTEPEC[51]

Ya lo había dicho Abundio Álvarez Meléndez,
en su fina melodía al tocar,
que además de ser un pueblo de ahuehuetes,
eres una tierra que por su belleza
no se puede olvidar.
Desde la peña del sol
te observo, pueblo milenario,
milenario como nuestro maguey,
milenario como el nopal,
aquellos que crecen libres en tus campos
llenos de girasoles que el colibrí disfruta visitar.
Es tu gorrión el que enamora con su canto
y que al buen viajero invita a tu grandeza admirar,
a cautivarse por tu traje de charro
que orgulloso tú honras portar.
Tus palomas sobrevuelan «El Salado»,
llevándonos hasta las cuevas de Tilhuacán,
donde la lechuza nos espera
ansiosa de volar el pedregal
y mostrarnos la pirámide Tzatzacuala
que nuestros antepasados te pudieron heredar.
Ahí así encontrarnos
entre aquella raíz maya y náhuatl.
Son tus oyameles un paraíso
que, como tus encinos, no se pueden ignorar,
así tus manantiales «Los Cangrejos»,
que son un patrimonio natural.
Tierra del tule y el membrillo,
de las piedras encimadas
y su belleza colosal…

---

51   Deriva del náhuatl, dando como significado «lugar de los tules».

# SINGUILUCAN[52]

Es un orgullo verte portar
dignamente el traje de charro,
impones presencia a quien te pueda mirar
con oro o plata bordados.
Eres tierra del lodo y manantiales
que el tirano conquistador usurpara
para saciar su sed de males,
y que al final no les alcanzara
para favorecer sus coronas virreinales.
Tu sangre azteca se impuso
y a la mano de Antonio Centeno
fue que tus hijos lucharon juntos
para darle renombre a tu pueblo,
pueblo al que el realista Concha vencer no pudo
por más que este sembrara el infierno.
A Luis Ramírez llevas en la memoria
por luchar contra el francés dispuesto y fiero,
demostrando que ante todo
la patria siempre es primero.
Eres casa de piedra y adobe,
de hermosos tapancos; de hermosas flores,
hijo del ocote, del oyamel y el sabino,
eres águila y serpiente,
hermosa tierra que no olvido
y que sin duda me llevaré hasta la muerte...

---

52  De nombre primitivo Itzihuilyocan, que quiere decir «lugar donde se cosecha el jiquilite o
planta que tiñe de azul».

# TASQUILLO[53]

Tierra de hombres gigantes
que naces entre las llanuras,
cargando a tus hijos en el ayate
como a las más tiernas creaturas.
Invítame un puñado de nueces
mientras admiro tus hermosuras
y así de mi travesía contarte
todas y cada una de mis aventuras.
Permíteme así admirarte
para escribir de ti con creces
y hacer que nadie logre olvidarte;
con el mismísimo Huemac en tus ayeres.
Vísteme de tus trajes bordados,
y ponme feliz con el pulque que hiciste;
déjame honrar tus huaraches
esos con los que a la sierra conociste;
y deslumbraras al poeta Arciniega
donde en sus propias letras; gustoso te describiste,
mi sangre otomí te reconoce,
y esta no quiere verte triste,
quiere verte alegre; como en aquel carnaval
donde contento me sonreíste,
hijo legítimo del nogal,
del maíz y del mezquite;
aquel que su buena sombra da,
pa' que el artesano trabaje el ixtle,
eres coyote y ave cantora,
maguey pulquero y agua termal,
águila que impone y asombra
tlacuache hermoso y ancestral.

---

53 Mezcla de español y nahua, que significa «el pequeño *taxco*», es decir, «el pequeño juego de pelota».

Desde la peña partida yo te admiro,
hasta el puente de fierro llegar,
cruzando así «el epazote»;
donde tus aves por agua suelen bajar,
¡Qué bello eres en verdad!
Isidro Ocampo lo sabía
en su mágica melodía al tocar,
música que recorre al cerro Juárez,
y hasta el Mexe suele retumbar,
despertando en el pensamiento a Muños Basilio
aquel hijo tuyo; que estoy seguro no has de olvidar…

# TECOZAUTLA[54]

Naces al pie del encino;
entre la paloma y el árbol frutal,
con un aroma tan primitivo
que a mis hermanos teotihuacanos haces recordar,
aquellos que desde Pañhe llevas por herencia
hasta tu exquisita agua termal.
Único eres por tus parajes
esos que presumen tu paraíso natural,
así mismo como tus pirámides;
que al sol y a Tlaloc llegaron a venerar.
Únicos de Tashidho tus manantiales;
como lo es tu cascada del Tagui
o tus aguas curativas ancestrales
que en el Geiser llegaste a descubrir,
entre la cuna de biznagas y nogales,
eres coyote y eres venado
hermoso tigrillo; imponente gavilán,
del trabajo en el campo; fiel hermano,
de la pintura rupestre guerrero ancestral;
aquel que en Banzha está grabado
y que por más que quisiera, el chichimeca no pudo conquistar
pues tras tu muralla fuiste resguardado, sin nunca negarte a pelear,
por ello Maxorro no ha de ser olvidado,
quién ante el conquistador aun abatido, no dejaba de luchar,
poniendo en alto tu grandeza y así mantener vivo tu linaje cultural;
aquel que Bartolo Fino y Felipe Anselmo
bajo la insurgencia defendieron sin más;
y más aún de aquellos mis hermanos
que la patria no ha de olvidar;
por lucirse valientes bajo el mando

---

54 Derivado de raíces nahuas *tetl* ('piedra') y *cozahuiqui* ('amarilla'), es decir, «lugar donde abunda la piedra amarilla».

del mismísimo Julián Villagrán,
hijo del pirul hermano de la pitaya,
del oyamel y del nopal,
aquel que de escamoles su tierra baña,
tierra legítima del huarache y el xamati artesanal,
eres el xamue que sobre el mezquite se enmaraña
pureza del ixtle; dureza de la obsidiana,
maguey fecundo; patria sagrada
aquella que hace fiesta a la celebración pagana,
luciendo sus bordados que los propios xithas preparan,
padre de Melchor Ocampo guerrero;
que a «los hijos de Hidalgo» su manifiesto dedicara
siendo un zapatista revolucionario
que nunca sintiera miedo de nada,
por ti me quedo casi sin palabras
al saber de un hijo tuyo; nacido en Caltepantla
José Luis T. Trejo «la hormiguita»
que estoy seguro llevas en el alma
por ser un poeta que en sus letras te aclama
hijo del quelite y la verdolaga,
del tlacuache y la víbora de cascabel,
aquellos que abundan en tu tierra amada,
y que es un orgullo poderles ver.
A tu feria de la fruta; me quedo con ganas
a de tu artesano de vara querer aprender
cautivado desde el carrizal del lago;
hasta el acueducto los arcos
que mis hermanos esclavos llegaron hacer,
y así en tu Torreón quedarme; emocionado de poderte conocer,
sabiendo que orgullosamente; en mis propias venas, corres también…

# TENANGO DE DORIA[55]

Eres el cerro amurallado
aquel que guarda en sus centros
al patriota reformador
mismo que acudiera al llamado juarista
para ser de este estado el primer gobernador.
En tus auras nacieron héroes
héroes de valor y gran corazón
aquellos que pelearan defendiendo sus ideales
en contra del tirano invasor,
liberales que con gran honor defendieron la patria
incluso de los propios traidores de la nación.
Eres la lluvia abundante
que baña de exquisito petricor
a esta tierra bendita, que colmas de café, maíz y frijol.
Eres la liebre y el conejo,
el cedro, la caña y el ocote
eres amor y destreza en el mismo reflejo,
instante palpado en el detiene del tiempo.
Nos bordas cual Tenango
para de alegría adornarte; bendito pueblo.
Eres el manzano y el oyamel,
el zorrillo y el ave que canta,
el metate, la carne seca y enchilada,
tierra tepehua; del estado las entrañas…

---

55   De nombre náhuatl Tenanco, es decir, «lugar amurallado o fortificado» y Doria por el primer gobernador del estado Juan C. Doria.

# TEPEAPULCO[56]

Eres el cerro grande, Huitzilopochtli
con sangre azteca corriendo en tus arterias
de huesos fuertes de obsidiana,
que a donde caminas; dejas huella.
Llevas sangre valiente, llevas sangre guerrera
nunca inclinas la frente así te invada la pena,
de haber tenido en tus manos
al conquistador cuando le abrumaba la faena,
de haber perdido aquella batalla
en aquella noche eterna.
Coloniales son tus entrañas
como únicas tus primaveras,
salvajes son tus paisajes,
como lo es tu fuerza que se entrega.
Único tu cerro de las navajas
que vela a tus hijos valientes,
ese que desde mexicas albergara
para defender a tu pueblo siempre,
bella tierra salvaje y legendaria
que de tules se formara,
siendo la cuna del caudillo Bravo
que en tus límites peleara,
de la mano de Osorno, Manilla y Espinosa
por una patria libre y soberana.
Tu corazón yace dormido en el Xihuingo
junto a esas ruinas de pirámides amadas,
así como tu laguna que al viajero recibe
cuando en el saludo, ondea la palma…

---

56 Derivado del náhuatl *tepetl* ('cerro'), *apul* ('rodeado'), y *co* ('en'), lo que significa «lugar ro-
deado de agua o cerro de tepetate rodeado de agua».

# TEPEHUACAN DE GUERRERO[57]

Ya la historia te había elegido,

que bien llevaras el nombre de valientes

al pertenecer a un gran señorío,

y que en la lucha; nunca inclinaras la frente,

pues en tus venas; llevas por herencia

la misma sangre insurgente;

aquella que no cediera y luchara por su gente.

Valiente es tu corazón de cedro rojo,

ese que reta a la muerte;

y que se cubre de Suchiate

para aguardar al campesino

que a huarache; anda a su suerte.

Eres montaña preciosa; gato montés y coralillo,

tierra sagrada arcillosa que del café; hace su nido.

Vísteme con tu ropa de manta

y llena de naranjas mi bolsillo,

dame a comer tu zacahuil

que es de tus mejores platillos,

invítame a sentarme en tu mesa

para conocer a cada uno de tus hijos

que bien llevan por apellido

el de uno de los hombres más queridos,

por darle a la patria su vida

así los traidores conservadores lo hayan desconocido.

Jamás serás motivo de duda,

jamás serás motivo de olvido,

por ser una tierra de hombres valientes

que incluso el propio Nicolás Flores había reconocido…

---

57 Derivado de náhuatl *tepetl* ('cerro') y *can* ('lugar'), es decir, «lugar de cerros». El apellido es en honor al insurgente Vicente Guerrero.

# TEPEJI DEL RÍO DE OCAMPO[58]

De luto se visten tus campos
al haber visto muerto entre tus manos
a uno de los hombres valiosos
que diera la nación,
Melchor Ocampo será recordado
por ser un reformista de gran corazón;
y que en manos de traidores conservadores
muriera fusilado por su valor,
«Cuélguenlo de un pirul»
pedía Leonardo Márquez; el traidor,
creyendo que con eso acabarían
con el legado que el gran poeta dejó,
es bonito morir por la patria
pero más aún cuando se muere con libertad
y no siendo una vulgar rata;
que se venda a quien le pueda comprar,
bien ganado llevas el nombre
de este reformista liberal;
que aun cuando intentaran quitarte todo
de la historia no te han de borrar.
Ramon Manterola en tus memorias,
hijo tuyo y de la reforma; valiente sin igual,
como aquel Alberto Hernández
el coronel que al lado de Zapata llegara a luchar,
Sofía Flores Valverde, gritan todas tus mujeres
en un coro angelical;
otra de tus revolucionarias;
que así fuera por venganza,
luchara por la justicia social.
Eres tierra de héroes;

---

58    Derivado del náhuatl *tepexic*, *tepetl* ('cerro') y *co* ('en'), es decir, «lugar de cerros». El apellido
      es en honor a Melchor Ocampo, mártir de la Reforma por los conservadores.

como de encinos y oyameles
que en tus valles se pueden admirar,
tierra del garambullo y la pitaya,
del coyote; la lechuza y el chapulín;
que acompañados del pulque,
alimentas a tus hijos al fin,
eres huitlacoche y tórtola,
sangre legítima náhuatl y otomí
eres un pedacito de patria;
que siempre llevaré; pegadito a mí...

# TEPETITLÁN[59]

Suenan los cascos del caballo sobre el tepetate;
mientras en lo alto; a un gavilán alcanzo a divisar;
para después perderse entre los cerros
que son tu paraje natural,
así como tu ahuehuete milenario
que en el paseo del árbol
bellamente se puede admirar;
hijo legítimo de la artesanía del barro
de la caverna y su manantial,
de cerro grande y el apartadero,
del mezquite y el Huizachal,
tus manitas de tlacuache me saludan al llegar,
mientras tu mujer; un buen jarro de pulque
me ofrece al pasar;
sentándome en tu mesa,
para escamoles y chinicuiles degustar,
junto con esas flores de garambullo
que son tu patrimonio cultural,
como lo son tus nopaleras; como lo es tu magueyal;
eres la astucia del coyote y del cascabel; lo letal
pero también eres la alegría
que el gorrión inspira al cantar,
por ello eres la flor de la palma,
de sangre pura Ñañu; que al escuchar expresarse
alegra el alma; descubriendo al fin,
que nadie será jamás como tú
ni tendrá tus alas…

---

59    Se deriva del náhuatl *tepetl* ('cerro') y *titlán* ('entre'), es decir, «entre los cerros».

# TETEPANGO[60]

De tus muros de piedra me vengo sosteniendo
cantándote alegre con el corazón;
pues aquel pulque que emana de tus manos
en verdad que está bueno;
y al más cuerdo; le hace perderse en la emoción,
emoción de sentirte cerca,
como en el maguey el chinicuil;
como en la milpa el frijol,
eres de maíz y nopalera;
de matorral y escamol;
de mole rojo que al peregrino se entrega
fiel a tu eterna devoción,
hijo legítimo del zorrillo,
del huarache y el palomar,
que te entregas en cada quelite
que mis hermanos comen como algo ancestral,
eres vestigio arqueológico;
que la historia no ha de olvidar,
que de ser fundado por mis hermanos otomíes
y así el tirano europeo les privara de su libertad
aun conservas tu bello linaje y tu rasgo cultural,
aquel se refleja en tus bordados de estambre
y que nadie jamás podrá igualar,
eres tamal y eres atole,
xoconoxtle puro; que alegra el paladar...

---

60   Derivado de la lengua náhuatl, significa «cerca o lugar de paredes de piedra».

# TEZONTEPEC DE ALDAMA[61]

Hijo puro del tezontle
del mezquite y el capulín,
de la serpiente y del tlacuache,
del mexica y el otomí,
de corazón duro cual huizache
que no se sabe doblegar,
así te obligaran a estar de rodillas
y al tributo vasallaje; a tus mujeres entregar.
Por ello y como consecuencia,
honroso te apellidaras Aldama
que al igual que este héroe
por la libertad pelearas,
hermano del quelite y la verdolaga,
del chinicuil que alimenta al campesino y al artesano,
para por ti con la frente en alto dar la cara
y nunca jamás volver a dejarse humillar
por aquellos que tu historia no les importa nada.
Bendito seas por honrar a tu origen en el cerro del Xicuco,
por cuidar de tu tierra con la que construyes a propia mano,
por cuidar de tu lengua, de tu mazorca y de su grano,
aquel que haces que en lo fértil de tu espíritu crezca,
prometiendo vida y unión entre tus demás hermanos.
Eres un pedacito de patria
que al defender su maíz
defiende la soberanía de sus raíces
y la identidad de sus causas; ante los tiranos...

---

61 Deriva de las raíces nahuas *tezontli* ('tezontle'), *tepetl* ('cerro') y *co* ('en'), es decir, «en el cerro del tezontle». El apellido es en honor al insurgente Juan Aldama.

# TIANGUISTENGO[62]

Caminando por entre tus Suchiates
de frente me encontré una Tepelcoatl,
quien me guiara por entre tus árboles frutales
cuidándonos del imponente gavilán.
Ahí bajando el Huayatlapa,
muy cerquita de un tulipán;
conocí tu paraíso de violetas,
al que protege la Sierra Madre Oriental.
Las cocoleras me divisaban
al igual que un cuachacal
quien a su vez se cuidaba
del tigrillo que deambulaba por ahí;
un ligero cascabeleo me sorprendía
entonces supe que estabas cerca ya,
orgulloso vestías tu traje de manta
con el machete enfundado
y el aguardiente en tu garganta.
Qué rechula se veía tu mujer con sus enaguas;
calzando airosa el huarache
y luciendo su blusa bordada;
una corona de flores cubría su frente
mientras que tú, una codorniz de tu morral sacabas.
Hijo legítimo del encino;
del bálsamo y el cuatlapal,
que a sus manos cubre de narcisos
para a su lengua náhuatl honrar,
honrar como honras a tus hijos
y así nadie se atreva a sus nombres olvidar,
¡Viva Manuel Téllez Escudero!
¡Viva Refugio Mercado; otro héroe local!

---

62    De nombre originalmente Tianquiztenco, etimológicamente significa «a orillas del merca-
do».

Quienes valientes te defendieron,

para que en las llamas no pudieras estar,

hijos tuyos revolucionarios,

que quizá no tendrás de nuevo jamás

Juan Bustamante de la Sierra insurrecto,

Florentino Mercado; el patriota libertador,

Francisco Sánchez quien llevas en tu pecho;

bien cerquita del corazón,

quizá de nombrarles no tenga derecho,

pero sin duda son un orgullo de la nación.

Invítame a ver tu águila pescadora,

a escuchar el querreque

que al huapanguero hace suspirar,

invítame a conocerte en tus pinturas rupestres

invítame a tu temascal, a recorrer tus cordilleras

por la que te nombraran «la Suiza de la Sierra» no más,

y así sin que lo note lleguemos a Tlacholaya

para desde ahí ver lo hermoso de tu región

junto a ese pedacito de cielo

que tú nombraras «el mirador»

y que la neblina cubre; llenando al viajero de emoción.

Comamos juntos un menudo,

y en la lengua del metate limpiemos el sudor,

que cuando partamos de este mundo

este recuerdo bien me guardo yo,

hermano del Texcatetl; del maíz y el Tepextate

del xoconoschtle y el epazote; del axocal y el zacahuil,

me voy prometiendo no olvidarte

y así nunca vuelva te llevo en mí,

Tianguistengo, hermoso suelo;

al que se necesita verlo para quererlo; y ser feliz…

# TIZAYUCA[63]

En uno de tus caminos; una tórtola me sobrevoló,
Apenas y contuve los suspiros
cuando escuché el canto del gorrión.
Allá sobre uno de tus pinos,
el chichicuilote me sorprendió
y apenas tuve tiempo de librarme del coyote
que se impone en tu región.
Hijo del maíz y la cebada; del cacomixtle y el hurón
que en su lengua conserva sus raíces náhuatl y otomíes,
como lo más puro del corazón.
¡Viva en tus brazos Gregorio García Reyes!
Que orgulloso te defendió,
cuando los saqueadores durante la independencia
a sus ataques repelió.
Tierra sagrada del tlacuache
que sufrieras el sometimiento de la evangelización,
esa que trajo consigo el europeo
para cobardemente disfrazar su ambición.
Padre del poeta Bibiano Quezada
que en sus versos con tu nombre adornó
para que nadie te olvidara y ansiara de ti tu sabor;
ese que brindas en los chinicuiles,
que bondadosamente el maguey te regaló.
Así es que sabes sobreponerte
sin nunca conocer la redención,
hijo del huizache y del venado,
de la tuza que vuela por los llanos,
y a todos nos llena de emoción…

---

63    Deriva del náhuatl *tizatl* ('tiza'), *yo* ('personal voz del verbo hacer') y *can* ('lugar'), es decir, «lugar para hacer tiza»,

# TLAHUELILPAN[64]

Ahí bajo la sombra de aquel sabino
yo te pude tranquilamente contemplar;
y mientras entre los ahuehuetes yacías dormido,
a tu pueblo quise visitar.
Debo decirte que todo fue colorido,
tu gente cálida, pese a ser un viajero,
no se negó a saludar.
De chinicuiles me dieron un taquito,
junto con un delicioso caldo de frijol,
que no pude despreciar;
y ahí tras los pirules,
una corrida de toros se apreciaba comenzar.
Los hombres levantaban el sombrero,
aquel que tus manos artesanas saben elaborar;
secaban el sudor con el pañuelo
mientras que un buen trago de pulque
me invitaban degustar.
Tus mujeres lucían pulseras de ixtle;
aquellas mismas que a orillas del río salado
intercambian con las demás.
Es verdad, no estaba preparado
para tanta gracia tuya en mi pecho llevar,
hijo del tlacuache y el coralillo,
de la víbora de cascabel que resuena
cuando ausentar nos quiere de su dominio;
del huizache; del zorrillo;
es así que de ti yo hago un pedacito tan mío…

---

64    En lengua náhuatl significa «en donde se riegan las tierras».

# TLAHUILTEPA[65]

Tierra de hombres valientes
de gran corazón y enorme lealtad,
quien sea por herencia
cuando perteneciste al señorío de Metztitlán.
Pero tu historia se cuenta desde antes,
de aquellas pinturas rupestres; dignas de admirar;
y que en las cañadas de «los muñecos»
a la eternidad seguirán,
dejando así tu nombre en la historia
para que nadie te pueda olvidar.
Tierra otomí nacida al pie de la Sierra Madre Oriental,
posees una belleza incomparable y sin igual.
Aquí te defendieron de ser quemada,
obligando a los rebeldes a replegarse al Amajac,
todo esto bajo el mando de Evaristo Morales y Valente Carbajal,
que al lomo de mulas los 30-30
y el parque pretendían llevar.
Así en tus manos nacía uno de tus hijos valiosos,
Nicolas Escamilla «el liberal»,
virtuoso hombre que pensara en el pueblo
y que por este diera su vida sin más.
Aún late su corazón de cedro rojo
en cada uno de tus hijos que crecen en la libertad.
Tierra de la nuez y el aguacate,
de la noche buena y el nogal,
de la calandria y el cascabel; del café y el nopal.
Cúbreme con tu traje de manta
y guarda mis latidos en tu morral,
que en el cerro del águila,
como el colibrí Huitzilopochtli, quiero ser inmortal…

---

65  En lengua náhuatl significa «lugar donde se riegan las tierras arcillosas».

# TLANALAPA

Su nombre significa «rinconada»
Tierra del coyote y el cacomixtle,
de la lechuza y el gavilán;
de la calandria que alegra al más triste
cuando sobrevuela Chiconcuac.
Eres tierra que de historia se viste,
aquella que el tecolote mismo puede contar,
que en el cerro de Bellavista escribiste;
y que desde piedra ancha hasta tu observatorio
por el resto de los siglos quedará,
honrando así tu sangre náhuatl.
Entre los sabinos; en la voz del cenzontle
siempre se escuchará,
veloz como el correcaminos;
entre cada uno de tus hijos
el orgullo del águila prevalecerá.
Tierra de tórtolas y mapaches;
de nopaleras y encinal,
de fósiles y obsidiana,
de quelites y matorral,
he de admirarte aguantándome las ganas,
esas de querer llorar,
al ver que rechulas se ven tus enaguas
que tus mujeres sus puntillas gozan bordar.
Así me marcho sin despedirme;
con el cascabel y el escorpión bajo el jacal,
te llevaré conmigo hasta morirme
Tlanalapa; no te he de olvidar…

# TLANCHINOL[66]

En lo alto de tu montaña,
mis hermanos aztecas se pudieron situar;
admirando tus mañanas
como lo hacen el venado y el cuachacal,
tierra hermosa del encino y el nogal;
que aún conserva el dialecto náhuatl
como muestra de su grandeza cultural.
Hermoso es perderse en tus neblinas,
como lo es del gorrión escuchar su cantar,
mismo que repiten mis hermanos
cuando a su mujer le regalan una flor de alcatraz.
Déjame perderme en lo exuberante de tu sierra
ahí bajo el cuidado del gavilán;
que imponente a las palomas asecha
cuando estas sobre el encino se suelen juntar.
Quiero corear a tu jilguero
y a la voz del huitlacoche admirar;
de tu águila sentirme orgulloso
y protegido de tu tuza real,
para que bajo el Suchiate no me sorprenda el coralillo,
y así a tu hermoso pueblo; al fin pueda llegar,
un pueblo que pareciera olvidado
pero que tiene una grandeza excepcional;
una grandeza que se puede ver
desde el Quetzaltongo hasta el Amajac
y que de entre cada una de tus barrancas
su exquisita humedad se puede respirar.
Patria viva del mazacuite
que siempre supo luchar contra el cacique
así su propia vida tuviera que dar.

---

66    Su nombre primitivo fue Tlanchinoltipac, que significa «en donde se libró la batalla».

Como aquel hijo tuyo Rodolfo Pando
que estoy seguro en tu memoria prevalecerá,
al igual que el profesor Daniel Elías
que te salvara de ser quemado
mostrando su espíritu revolucionario
que profesara la libertad.
Por eso te admiro legítima tierra huasteca
por ese valor que nadie pudo quebrar,
haciendo que el cobarde te temiera
por como una víbora de cascabel actuar,
defendiendo tus valles y llanos
siempre dispuesto a luchar.
Hijo del petate y la cazuela
del platillo huasteco y el zacahuil;
del aguardiente que me refresca
cuando al pie del fogón
me siento contigo a convivir.
Déjame vestirme con tu traje de manta
y con la guaparra al hombro orgulloso partir,
llevando en mi memoria la lucha en el Apechao
¡cuando al vil realista a punta de lanza
le obligaste a huir...

# TLAXCOAPAN[67]

Tierra del huizache y del rosal,
en ti encuentro esa vida
que no me atrevería a dejar.
Hijo de otomíes y toltecas,
en tus venas corre
la sangre pura; náhuatl y azteca
que reinara en este valle
bajo el tributo, la paz y la tregua.
Invítame a caminar entre tus encinos,
entre tus pirules y magueyes,
ahí entre aquel vuelo de tus palomas y tórtolas;
que seducen tus atardeceres.
Déjame beber un jarro de tu pulque
y con una buena salsa de molcajete
tus exquisitos quelites probar,
que más nos vale comer
todo lo que da tu tierra
pa' que no te me pongas triste
ni pienses que te voy a olvidar...

---

67　De raíces nahuas *taxco* ('juego de pelota'), *atl* ('agua') y *pan* ('en sobre'), es decir, «en el rio del juego de pelota».

# TOLCAYUCA[68]

Voy a cantarte una canción
con tono de jilguero o de canario,
una que te mueva el corazón
que de yuca tienes conservado,
y así mismo erizar la piel
que de cardones te has formado;
para que después me lleves a tu pueblo
a ver tu torneo de gallos,
acomodándome en el cuello el pañuelo
así como lo hacen mis hermanos;
y chulear entonces a tus mujeres lindas
que se cubren con chales bordados.
Quiero admirar tus charrerías;
y probar tu barbacoa con un trago de colorado
para así alegrarme el alma;
y con tu voz de gorrioncillo seguir cantando,
que vuelen los chupamirtos
sobre el campo de cebada que has sembrado,
que vuelen por tus llanuras
que Itzcóatl había conquistado,
pero no te pongas duro,
ni tampoco te sientas bravo
que sé que eres un lobo;
y el coyote transformado.
Simplemente soy un poeta viajero,
que en sus letras tu nombre ha grabado...

---

68    De raíces nahuas *tolca* ('inclinar') y *yocan* ('lugar'), es decir, «lugar donde se inclina la cabeza».

# TULA DE ALLENDE[69]

Hoy le escribo a tu grandeza;
aquella que es ancestral,
por llevar a «Quetzalcóatl» en las venas
y en tus raíces a Tollan.
El Tular es testigo
de que te sobra fuerza de voluntad;
pues de todos eres amigo
y en tu sabiduría se puede notar.
Hermano de «Mixcóatl»,
hermano del nopal,
del mezquite que decoras
de aquella vaina sin igual.
Fiel a tu culto te reconozco
hermano tolteca; hermano de paz,
aquel que venera su lengua
para que esta no se pierda jamás.
Padre de los atlantes;
de la arquitectura y el agua miel,
del gran «Coatepantli»,
que en el muro de las serpientes se divisa también.
Es cierto que formas parte
de la madre de nuestra civilización;
aquella que desde palacio quemado puede notarse
hasta nuestra monumental pirámide del sol.
Hermoso tu cerro grande;
tus barrancas; tus artesanías, tu corazón,
aquel que fuera testigo de batallas
entre los ambiciosos carrancistas
y los primeros izquierdistas de la nación,
aquellos que por Zapata pelearan con honor.

---

69 Deriva de las raíz nahua *tollan* «junto al tular». El apellido es en honor a el insurgente Ignacio Allende.

Ya estaba escrito que eras un hijo valiente,
por ello tu nombre en orgullo al insurgente
que por la patria sin miedo a la muerte luchó.
Bien se sabe de tus peleas en la independencia;
de aquellas durante la intervención;
y de cuando incluso los franceses,
al lado de traidores de la patria,
contra tus hijos peleó.
Padre de Huamán y su teomaxtli,
de Bernardo Fuentes y su pensar,
de cada uno de los murales
que te describen sin hablar.
Padre de aquellos que cubres con sarapes,
hechos de mixiote y de jaguar,
hijo del coyote y el correcaminos
que a José Joaquín Fernández supiste cuidar,
como a don Justo Sierra «el maestro de América»
quien tu nombre no se negará honrar,
así como honras tus escamoles,
así como defiendes tu libertad,
has de prevalecer en la historia
como alguien que la patria recordará...

# TULANCINGO DE BRAVO[70]

No he venido a reprocharte nada,
la historia de eso se encargará,
que de haber sido un pueblo bastión de conservadores
también luchaste por la libertad,
pues la bravura no solo la llevas en el nombre,
padre de toltecas; hijo de Tollan.
Llevas en las venas sangre azteca y chichimeca,
sangre de guerreros que saben pelear,
como Manuel Ángeles; insurgente
que a muerte luchara por la libertad,
dando la cara en alto; como Antonio Castro
que al europeo detestara hasta el final.
Andrés Baños, tu hijo valiente,
por ellos en deuda la patria estará.
Hoy les escribo a tus héroes olvidados
como Alfonso Barredo; el poeta liberal,
quien luchara durante la reforma
por a esta patria darle identidad,
Octavio Barredo; un patriota sin igual,
quien con sus propias manos
a los invasores franceses en mineral llegara a quemar,
forjando con letras de oro tu nombre
como tu otro hijo Fernando Barragán
quien, ante los norteamericanos, no se dejó intimidar.
Sangre pura la de estos mexicanos,
que se derramara por la libertad
por el hecho de no mirar a nuestros hermanos
sometidos bajo el yugo del ultraje nacional.
¡Vivan esas batallas que te encarnizaron!
Incluso donde las fuerzas realistas triunfaron

---

70    Su nombre significa «el pequeño tula». El apellido es en honor al insurgente Nicolás Bravo.

pero que con ayuda de Guadalupe Victoria y de Bravo
tu nombre náhuatl por fin pudiste librar,
no solo en carne propia;
sino en los propios ideales por los que lucharon
y que estoy seguro no fueron en vano.
¡Viva tu cuerpo de patriotas!
En el cerro del tezontle, Osorno quedó grabado.
No importan las victorias,
pero sí las derrotas que Vicente Guerrero te haya dado,
para salvar a tus hijos
de aquel ideal por mucho equivocado,
ideal que a propios franceses atrajera
solo para ser aniquilados.
Así a Maximiliano como al propio Iturbide
recibieras con los brazos atados,
atados por la falta de verdad;
aquella que los malditos traidores te negaron.
Hijo legítimo de Quetzalcóatl,
hermano del ocote y el nogal,
de Huapalcalco donde nace tu historia,
esa de huarache y comal,
que hoy repudia al obispo Ormachea
por a este pedacito de patria traicionar.
En tu máscara de plata me reflejo,
esa que en los cuadriláteros grabada estará,
por ser la ilusión de los niños,
y que la lucha libre por siempre recordará...

# VILLA DE TEZONTEPEC[71]

Hijo del cerro del tezontle
del bello lago y el jagüey,
de todo aquello por lo que llevas el nombre
y que te hace único; Tezontepec.
En tus mejillas corre el Moctezuma,
en tus palmas nace el maguey,
así como el nopal y la tuna
que a tus hijos ofreces para comer.
Hijo del cardón y de la yuca,
del coyote y la víbora de cascabel,
ofreces la mano a quien lo necesita,
ofreces tu casa como ofreces agua miel;
eres aquel que tiene raza azteca pura,
de antepasados chichimecas
y otomíes también,
de los cielos la tuza,
como del huarache tu hermoso pie.
Ser olvidado sé que te asusta;
pero por mi vida te juro que no lo permitiré…

---

71  De origen náhuatl, que significa «en el cerro del tezontle».

# XOCHIATIPAN[72]

Entre las aguas de las flores
ahí te fui a encontrar,
vestido de colores
luciendo tus huaraches al andar;
así sin dudarlo,
me invitaste a tu casa a pasar,
a escuchar lo que dicen los ancianos
de esta tierra tepehua sin igual.
Con la guaparra al hombro
y la cecina en el morral,
me invitaste por la selva de tu sierra
a tu lado caminar.
Un águila nos divisaba;
mientras tú me convidabas
de un buen vino frutal,
aquel que regalas en tus fiestas patrias
donde todos tus hijos celebran por la libertad.
Eres la danza indígena originaria,
aquella que conservas como patrimonio nacional,
así como tu traje de manta
que con sarape sabes portar.
Rechulas se ven tus mujeres
con la cría en el rebozo,
donde en su rostro mismo
tú te puedes reflejar.
Eres el zacahuil y el ayate,
la neblina que al campesino suele besar
cuando orgulloso trabaja el arado
para la buena semilla sembrar
y después de la jornada correr como el venado

---

72 Deriva del náhuatl y significa «entre las aguas de las flores».

para su humilde jacal llegar,
y encontrar ahí a su prieta linda
preparando los frijoles y el nixtamal.
Por eso vine en tus calles a perderme,
y a la tumba de Nicandro Castillo visitar,
aquel compositor huasteco
que incluso junto al ídolo del pueblo
como amigo llegara a estar.
Quiero escuchar «El Hidalguense»
en la voz de tus niños cantar,
y sentarme al pie de tu fogón
a una enfrijolada degustar
junto a aquella salsa de molcajete,
que solo tu mujer sabe preparar.
A orillas del río Garcés
préstame un trago de tu aguardiente
que más contento quiero estar
al lado de tu hermosa gente
que amistad siempre sabe dar.
Tierra legítima huasteca,
nunca te he de olvidar,
como al fiel pañuelo que limpia mi frente
has de estar conmigo por la eternidad...

# XOCHICOATLÁN[73]

Quedé admirado de tus cuevas y peñascos,
donde tus pinturas y dibujos quedaron grabados,
tierra legítima de nuestros padres teotihuacanos.
Tienes la herencia tolteca viva,
aquella que compartes con mis hermanos,
de águila tienes tus ojos,
de halcón tu valor terrenal,
que desde el río chichimeca muestras con orgullo
hasta el cerro del Tecamachal.
Hijo de la caña y del piloncillo,
del aguardiente y el mezcal,
que brindas a tus hijos puros
para de alegría hacerlos cantar,
mientras recorren tu selva y lomeríos,
en compañía de la guaparra y el morral,
a puro huarache limpio,
desde tus cañadas hasta las grutas de Texcatetl,
donde un buen vino se puede degustar,
haciendo que si el calor se presta invasivo,
en el Xocontla se puedan refrescar.
Hermano de la Sierra Hidalguense,
de la peña partida y el Xecanchal,
que en los acantilados te muestras imponente,
imposible de conquistar,
pues provienes de las siete tribus,
las siete de Xicatlán.
Hermano del café y la naranja,
que con Xohul nos sabe enamorar,
ofreciéndonos sus bellas cañadas
como algo digno de admirar.

---

73    Originalmente era Xoxhicuauhtitlan, cuyo significado es «lugar donde abunda el liquidámbar».

# YAHUALICA[74]

Vengo a escribirle a tu belleza,
aquella que bajo el rebozo de colores sabes ocultar,
y a quedarme en tu casa de niebla
para al despertar un buen café degustar.
Vine a escribirle a tu selva y a tus ríos,
el Atempa y el encinal,
comer de tu carne seca
junto con ese aguardiente
que al más serio hace sonrojar,
armar entonces la gran fiesta del Xantolo,
ofreciendo zacahuil y un buen huapango pa' bailar,
demostrando tu alegría huasteca
y admirando a quien tu lengua náhuatl pueda hablar.
Quiero verte resonar tus huaraches,
que de esta patria son símbolo nacional,
como lo son tus hijos de paliacate,
de machete y morral,
de carne pura cual bagre y de venado su libertad,
libertad por la que peleara tu hijo Bartolomé Escalante,
que, harto del yugo colonial, decidió luchar,
al igual que el reformista Cayetano,
que ante los traidores de la patria
no se dejó doblegar.
Vamos despacito a contarlo,
que del corazón de la Sierra Hidalguense
nadie te ha de sacar,
por más que se muestre tirano,
al escuchar tu cascabel, se tendrá que alejar.

---

74 Más conocido como Ayahualica, que significa «lugar rodeado de agua».

# ZACUALTIPÁN DE ÁNGELES[75]

En ti voy a hacerle justicia a un hombre

después de que unos ambiciosos traidores

manchar su nombre quisieron,

pasándole por las armas,

bajo un juicio prematuro y arreglado

donde su valía le desconocieron,

y así por sus bajos intereses

cobardemente mintieron.

Felipe Ángeles, tu hijo,

de arcilla y roca formado;

y del que con gran orgullo

siempre te serás identificado.

Eres hijo de la Sierra Alta Hidalguense;

de cada relieve montañoso,

donde el más valiente inclina la frente

por ser tú alguien imponente y grandioso

y así beber del Matlatlán

aquella agua cristalina

que en ti se puede encontrar

como fuente de paz, como fuente de vida.

Hermano del pulque,

hermano del aguardiente,

del huarache de correas,

de la guaparra y el machete,

que en tus campos verdes orgulloso luces

para la jornada o para defenderte.

Sangre chichimeca de lobo

recorre tu torrente,

por eso eres tan único, por eso eres tan valiente,

como el águila que cruza los cielos,

---

75    Deriva del náhuatl *tzacualli* ('montículo o pirámide') y *tipan* ('lugar de'), es decir, «lugar de montículos».

y en el Carso huasteco resuena imponente.
Eres el coyote, eres la serpiente,
hermoso como el jilguero,
alegre como el querreque,
de colibrí tus hermosos ojos;
de cenzontle tu suerte,
de tecolote tu fuerza;
y de huapanguero, el sudor de tu frente,
ese mismo que brota
cuando siembras maíz sobre las pendientes
para alimentar a tus hijos,
que te honran siempre,
así como el poeta José Ibarra
que en sus poesías
tanto te nombrara hasta la muerte.
Hijo legítimo del nogal y del Suchiate,
del oyamel y el cuatlapal,
de la paloma que en paz te nombra
para que nadie te olvide…
de Ángeles, Zacualtipán…

# ZAPOTLÁN DE JUÁREZ[76]

Ya llevas por apellido
la historia de un gran hombre;
uno que nos diera patria
al vencer a los conservadores;
aquellos que en la desesperación de su derrota
trajeron a invasores conquistadores,
solo para ser derrotados
junto con todos los traidores.
Hijo legítimo del huarache,
de la guaparra y del morral,
aquel que en el cantar del huitlacoche
despierta el sentido liberal,
hermano del cacomixtle,
del cenzontle y el cardenal,
que con su belleza te visten,
siendo alguien imposible de olvidar.
Eres principio y fin del jaguey y la montaña,
lo peligroso de la víbora de cascabel,
lo hermoso de la artesanía de palma
que tu buen hijo sabe tejer.
Tierra del maíz, frijol y cebada,
de la laguna bella
que besa las mañanas,
y de tus ruinas arqueológicas
que te llaman patria...

---

76    De raíces nahuas *zapotli* ('zapote') y *tlan* ('lugar de'), es decir, «lugar de zapotes». El apellido
      es en honor a la memoria de Benito Juárez.

# ZEMPOALA[77]

Hoy vengo a recitarte con mi voz

y disculpa, si la escuchas un tanto aguardentosa;

pero recorrer los arcos del padre Tembleque

es por mucho, la experiencia más hermosa,

ahí apenas tras los jagueyes

entre aquellas cadenas montañosas,

divisaba tus capulines

llenos de tórtolas preciosas;

apenas y a unos pasaos me encontré

con las cosas más hermosas,

tus hijos que descienden de chichimecas

con repugos bordados por sus esposas,

ahí fue que me contaron;

del gato milagroso entre otras cosas;

y después me invitaron junto a Huehuetéotl

a conocer su historia asombrosa,

no me alcanzan las palabras,

pero los colibríes las pueden adornar

que Tonatiuh es testigo; de que tu grandeza es sin igual,

hijo del molcajete de barro; de la tuna y el escamol,

esos que invitas al campirano

junto al mixiote a probar tu sabor,

eres coyote; eres hurón,

golondrina viajera que en la choza busca calor,

padre de tres patriotas insurgentes;

que por la libertad en tu nombre se luchó,

y que hoy se resguardan con orgullo

cuando la misma historia sus nombres en tu alma escribió…

---

77  De raíces nahuas *cempohualli* ('veinte') y *tlan* ('lugar'), es decir, «donde el mercado tiene lugar cada veinte días».

# ZIMAPÁN[78]

Voy a escribirle a tu valor,

que es por mucho temerario,

para que ahí deje mi corazón,

junto al tuyo; bien grabado;

y así de Címatl lo cubras

pa' como al pulque fermentarlo,

haciéndome un hijo más,

de tus otomíes y chichimecas que por ti lucharon,

y que aun cuando así el invasor lo quisiera;

nunca lograron exterminarlos,

descendiente legítimo de Tollan

de aire puro y provinciano,

ese que te viste de historia

para ser del estado algo sagrado.

Mírame a los ojos;

y si me equivoco acepto el reclamo

que por siempre seguirás vivo

sin nunca ser olvidado,

hijo del lobo y del coyote,

del tigrillo y el gavilán,

eres quien lleva en su voz al cenzontle

y la belleza del cardenal.

En tu pecho llevas las victorias

de tu hermano Julián Villagrán,

que pese a acuñar sus monedas

por la causa en su delirio de grandeza;

no dejó de luchar.

Asimismo ¡viva el coronel Antonio Viruegas!

que en la encarnación al tirano español pudo derrotar,

y así mantener vivo el corazón de tu Sierra Hidalguense

---

78    De raíces nahuas *cimatl* ('raíz que se usaba para provocar la fermentación del pulque') y *pan* ('en o sobre'), es decir, «sobre el cimate o entre el cimate».

que de héroes indígenas se hizo notar.
Valor demostraste ante los franceses;
como lo hiciera Victoria Ramírez
al defender nuestra bandera nacional,
y que de luchas encarnizadas
ante el imperio no te dejaras doblegar.
Cayetano Gómez lo supo,
cuando por Juárez se dispuso a trabajar,
Nicolás Flores tuvo la suerte de conocerte,
como Otilio Villegas
que en tus tierras vino a luchar,
aun cuando tus mujeres fueran tomadas
por el cobarde federal.
No me alcanzarían las letras;
para nombrarte a cada uno
de quienes dieron su vida por tu libertad,
pero conforme bien sé que en tu memoria
por siempre los has de llevar,
porque ante ellos con respeto guardas luto,
sin permitirte nunca a tu pasado ignorar.
Al pie de tu majestuoso ahuehuete
yo me inclino honrándote siempre
porque mayor testigo de lo que te digo
no tendrás jamás.
Al pie del álamo en el Dushi te lo escribo,
desde tus barrancas a las grutas de Xajha
desde tu suelo montañoso
que imponen tu grandeza natural.
Paradisiaca patria mía
te haré justicia sin despedirme,
pa' que nadie se atreva a tu nombre olvidar,
que de historia siempre te vestiste,
así como del huizache y el mezquite
que en tus tierras siempre crecerán.

Tierra de la biznaga y la calandria,
del piñón y la codorniz,
del águila que en su vuelo se levanta
a lo más alto; a donde no la vean morir...

# MI BENDITA TIERRA

En tus venas corre Teotihuacán,
ese que en tus huesos encontrara la obsidiana;
y en tu horizonte el comercio y poderío militar,
pues tienes el valor del mexica,
ese que ante nadie se deja humillar.
En tu sangre brava se respira la violencia,
de un guerrero que no se sabe achicar y que inspira al escultor y al poeta
para hacer de ti algo difícil de olvidar.
Fuiste esclavo religioso y minero,
cargaste con el yugo de la tristeza social,
pero por más castigo que sufriste
a tu corazón; no pudieron arrancar,
ese que tiene plumaje de cenzontle  y la fuerza del águila real.
Tus manos de yuca forman tu nombre
mientras tus ojos de tuza cuidan de tu valor sin igual,
para que nadie manche tu orgullo de hombre
ni mancille tu libertad.
Mi bendita tierra tú eres;
y por ti dispuesto estoy; a mi vida misma entregar…

# CANTO GENERAL A HIDALGO UN PEDACITO DE PATRIA...

Soy la deidad Huitzilopochtli

tierra sagrada de Quetzalcóatl,

hijo de la diosa del pulque,

del maíz y el nopal.

Soy el ixtle y el ayate,

el cardón y el matorral,

guerrero que pelea a muerte

si en peligro ve su libertad.

Mi sangre de chinaco sabe de pelea

porque al mismo francés hice temblar;

al verme altivo como una fiera

dispuesto en combate a mi sangre regar.

Ni el norteamericano pudo doblegarme

cuando en mis propios ojos no encontrara piedad

y así mi propia vida honrara en perdonarme

al ver la furia en mi mirar.

Soy la selva y el encino,

el ahuehuete y el nogal;

el huizache y el mezquite

que mi corazón ferviente siempre regalará.

No conozco el miedo a la muerte;

y en mi Xantolo lo puedo demostrar,

mas sin embargo aquel que encuentre

en mis manos su mala suerte

será porque a mi patria ha querido ultrajar.

Porque deben saber que soy de corazón valiente;

y en el propio combate, me vuelvo un animal.

Así mismo es que soy el coyote y el lobo,

el tigrillo, el lince y gato montés,

aquel dispuesto a sepultar en el lodo

a todo aquel que hiera de mis hijos la piel.

Soy el huarache y el huapango,

la guaparra y el zacahuil,
militar de alto mando
que por su suelo sabe morir.
Soy el Xicuco y la peña del aire,
el río Moctezuma y el Amajac,
la barbacoa de cordero y el delicioso bagre,
charro de plata que su suerte sabe jugar.
Soy el águila devorando la serpiente,
el cenzontle de cuatrocientas voces y el gorrión,
soy los versos de «El Hidalguense»
y las notas del «pasodoble»
que mis hijos saben tocar.
Mi sangre legítima tolteca
a la roca sabe transformar;
y también soy chichimeca,
aquel que al español no temiera sublevar.
Soy un pedacito de patria ingobernable
de pensamiento izquierdista liberal;
y así como el corazón palpita mi sangre
nunca al conservador he de perdonar
por ser el peor traidor que llegara a entregarme
en las propias manos del extranjero criminal.
Soy la Sierra Madre y la cañada,
el jagüey, el eucalipto y el magueyal,
cultivo de trigo y cebada,
de café, maíz y frijol que mis hijos suelen sembrar.
Soy la mazorca primitiva;
esa que aún desde mis ancestros se conserva con amor,
honrando con mantenerla con vida,
disfrutando así mis granitos de color.
Soy la gruta, el manantial y el agua termal,
el géiser y la tierra roja,
el fogón y el nixtamal
este que enaltece mi herencia cultural,

misma que en mi traje de manta se mira,
cuando inspiro al huapanguero a cantar
y bailar la danza mística que es de mi pueblo original.
Soy el petate y el aguardiente,
el sombrero de palma, el pirul y el aguamiel,
la pureza del huitlacoche
y la fresca sombra del oyamel.
Soy lo agrio del xoconoxtle,
la tuna colorada y blanca también,
soy el cacomixtle y el tlacuache,
el guiguíe y el xamue,
de poderoso linaje porque soy víbora de cascabel.
Mi voz de jilguero por siempre has de grabarte
como en el surco se graba mi descalzo pie,
así es que has de nombrarme
como un guerrero legítimo salvaje
pero que sabe querer bonito a su mujer,
esta que adorno de flores
bajo aquel hermoso ciprés,
llenándole su rostro de rubores
cuando versos le declamo a la vez.
Soy la pirámide y la pintura rupestre,
pintura que llevo grabada en la piel,
esta nutrida de chinicuiles
que sobre el molcajete los de Hidalgo sabemos comer.
Soy orgullo nacional por mi valor mexicano,
por no inclinar la frente y siempre extender la mano,
por ser cuna de hombres valientes
que despreciaran al tirano,
al vulgar ladrón y al mal humano.
Soy las letras vivas del poeta,
el arte ejemplar del mural y la música que suena,
la casa de adobe y el metate de piedra,
soy el ladrillo y soy la cueva,

halcón altivo que resguarda su tierra,
soy la tórtola; soy la cocolera,
tierra arcillosa y de bella primavera,
de linaje puro como el guerrero azteca,
patria para muchos; muchos que la sufrieran.
Siendo así necesario que me conozcas
para que al final me quieras
y descubras que no es mentira
que soy una tierra cuya propia historia cuenta,
para que en el tiempo así se escriba.
En cada batalla, revolución o guerra.
¡Yo soy Hidalgo, tu bendita tierra!

# Nota de autor

A casi diez años de haber comenzado con este maravilloso compromiso, debo confesar que el poder escribirle a mi estado ha sido uno de los placeres más exquisitos que a mi corta edad he podido experimentar. Desde pequeño me fue inculcado el amor por mi patria, a mi cultura y sus raíces, a respetar las costumbres y, desde luego, a sentirme orgulloso de estas. En otras palabras, el sentido patriota me fue heredado en las arterias.

Como buen ejemplo de esto, tengo a mi padre, quien en repetidas ocasiones escuchaba hablar sobre los abusos que el régimen, bajo su política neoliberal, plantaba a los ojos del pueblo de México, flagelando cada familia vulnerable, robando y saqueando las riquezas de la patria, vendiéndonos como si se tratara de algo comercial que solo beneficiaba sus bolsillos, condenando a la mayoría de la población a la miseria. Nos engañaban con politiquería, disfrazando sus actos viles y cobardes de corrupción y, por si fuera poco, además de eso, éramos testigos de cómo los medios de información contaminaban el raciocinio de las generaciones, evitándoles el simple acto de pensar. Esto lo hacían por medio de programas nefastos de televisión, donde fomentaban la violencia, la mediocridad y el conformismo. Además, lucraban con el fanatismo, ya fuera en la religión, el espectáculo o el deporte, un circo enmarañado de las más viles estrategias para solo tener el control de las mentes, de las masas.

La importancia de manifestar esto es principalmente por el hecho de que en el presente libro se determinaron muchos factores que tienen que ver con mi formación ideológica y cultural. Y es así que, siendo un niño, la formación cobró espacios en mi mente para acercarme a ese sitio que muchos satanizaban y condenaban, refiriéndose al hecho de que pensar así, diferente, era producto del mal y la locura. Hablo de la izquierda.

Ser de izquierda para mí representa una responsabilidad no solo social, sino personal, ya que es aquí donde los verdaderos valores se demuestran. Es aquí donde el conocimiento tanto histórico como social y de causa, que tanto trató de quitarnos ese sistema ya descrito, se pone a prueba y se acepta con coherencia. No es lo mismo decir que soy de izquierda a actuar como uno. Ser de izquierda inspira, obliga a prepararse, a conocer, a aprender y, de todo el resultado de ese conocimiento, lo más valioso: compartir, enseñar, formar y trascender a nuestros hermanos mexicanos, pues el conocimiento adquirido se vuelve nulo si no se comparte y una versión de la tiranía si solo se aprovecha para los intereses propios.

Eran principios de marzo de 2001 cuando, por algún descuido de mi padre, pude leer aquellos poemas amorosos y ensayos patriotas que en mí despertaron aquella pasión por las letras. Quizá ya existía en mi genética, derivado de mi abuelo y mi padre, pero precisamente en ese momento, justo en ese momento, en mí nació, para posteriormente nunca más alejarme de este placer tan grande que regala el hecho de poder crear y transmitir algo por medio de las letras.

Así es como poco a poco mi interés creció dentro no solo del mundo literario, sino también dentro de ese problema social que parecía no tener fin y del que éramos testigos y víctimas. Ser oposición política traería sus frutos, pero también sus consecuencias. El hecho de que a principios del nuevo siglo aquel luchador social al que todos tildaban de loco y que durante el sexenio del corrupto Vicente Fox se diera a conocer de una manera inspiradora y revolucionaria de conciencia, condujo el foco social a creer que el país tenía esperanza de renacer, de transformarse. Aquel loco abrió los ojos de una porción del pueblo que indudablemente creyó en él y que, en las elecciones de 2006, ante el sufragio, el sistema corrupto que encabezaba el espurio, asesino y traidor Felipe Calderón Hinojosa se vio obligado a tener que imponer el robo de la presidencia de la república de una manera descarada, siendo así el peor fraude de la historia de México. Inspiró para mí aquel despertar temerario de mis letras, creando los primeros ensayos que de alguna manera podían ser leídos en espacios públicos o incluso en la misma escuela ante profesores que con su enseñanza fomentaban en nosotros la izquierda. La participación social es la que forma al poeta, al escritor, al que crea. Indudablemente, había abierto una puerta en mi propia conciencia que nunca se volvería a cerrar.

Mediante participaciones voluntarias, mi colaboración se fue dando en comités provisionales al mando de un profesor que admiro mucho por su enseñanza y labor social. Román, en repetidas ocasiones, insistía en que, siendo joven, podría labrar un camino que trascendiera para la transformación de nuestra sociedad, incluyéndome así en diferentes programas donde la enseñanza de dicho movimiento se incrustaría en lo más profundo de mi ser. Las elecciones de 2012 trajeron consigo muchas tristezas al ser testigo de la compra masiva del voto donde dignamente representé al movimiento de izquierda desde la defensa de las urnas. Con desdén y coraje observé cómo el pueblo se vendía por migajas ante aquellos que traicionaban a la patria sin el más mínimo remordimiento. Estaba perdida la Nación de nuevo.

Mis poemas comenzaron a escucharse de manera abierta en un programa de radio local donde se me invitaba a participar para fomentar la cultura, pero como era de esperarse, derivado de mis ideales, poco a poco la censura se fue presentando. Es curioso ahora recordar este camino, los momentos y los hechos que me condujeron a tener la iniciativa de este libro. Se remontan a muchas experiencias que sin duda generaron este acto subversivo y, por qué no, revolucionario. En una de las ferias locales y de las más populares de mi municipio, la entonces encargada de los programas en radio me invitó a participar en el concurso de poesía local donde se planteaba dedicarle un poema al municipio. Con poco más de quince días para presentarlo, tomé el reto. Lamentablemente, hablar de mi pueblo en un poema era demasiado corto, por lo que, pasando el tiempo, me di cuenta de que podría quedar fuera de dicho concurso. Fue así que un día, mientras mi padre se encontraba cosiendo ladrillo en uno de los hornos, se acercó parafraseando líneas e ideas que me gustaron y que inmediatamente apunté en el cuadernillo. Así es como nace, con la colaboración de ambos, el poema «Yo soy Huichapan», que se incluye en este proyecto, siendo el primero en ser creado de los 84 municipios que conforman al estado.

La convocatoria se dio y presentamos el poema con la esperanza de que se pudiera evaluar y que este llegara a quedar entre los tres primeros, pero, como era de esperarse, al tratarse de personajes revolucionarios, los organizadores sabotearon el texto de manera que este quedara inservible, inatendible y de dudosa originalidad, dándole la descalificación inmediata. Con lágrimas en los ojos, mi padre y yo nos retiramos del evento mientras podíamos observar a los representantes de cultura de ese entonces mofarse diciendo que no teníamos talento, al grado de ser encarado por un individuo argumentando que nunca sería un escritor. Juré vengarme. Lleno de ira, guardamos aquel poema creyendo que en el olvido permanecería.

A partir de ahí, la lucha fue aún más intensa como defensa a quien era nuestro líder social. Desde la movilización ideológica hasta la sublevación universitaria, donde se nos manipulaba para que no creyéramos en el famoso «peligro para México». Con nueva imagen derivada de las traiciones, en 2018 la revolución de las conciencias mediante los protagonistas del cambio verdadero llenaron los espacios de una manera sorprendente. Ya era el momento. El tigre había despertado. Con ensayos y poemas en plazas públicas, aquellos olvidados poetas comenzamos a gritar, hablando específicamente de mi padre y yo, defendiendo la elección como bestias que se disfrazaban en las letras, donde en cada evento bastaba un papelito con ideales para despertar al pueblo. Es así que mi venganza cobró otro sentido. Pues una vez siendo gobierno, nuestro trabajo era no permitir que se sepultara la historia, la cultura ni el patriotismo. Los conservadores son clasistas, inhumanos y racistas y, como prueba de ello, me tocó ver cómo menospreciaban al pueblo, cómo disfrazaban el asco a mi gente originaria, cómo malamente nos llamaban indios, corrientes, pobres. Me tocó ver cómo preferían al extranjero, al bonito y elegante, pero despreciaban al campesino, al obrero, al olvidado. Entonces me di cuenta de que mi venganza no solo sería contra aquellos que me humillaran a mí y a mi linaje, a mí y a mi cultura, sino que sería contra todos aquellos que satanizaban nuestras costumbres, que ridiculizaban nuestros orígenes. Malamente hoy se atreven a usarlos como una campaña de desprestigio al actual gobierno, pero en ese tiempo eran una infinidad de seres valiosos de pueblo. Mi venganza cobraría sentido cuando cada hidalguense supiera de estos latidos. Así, sin más, es que comenzó este sueño que no solo era un reto importante por el hecho de poder presentar un poemario que de alguna manera transmitiera lo más legítimamente posible la voz de este pueblo. Cobrar vida cada municipio es como buscaría a los ojos de todo, ser eterno.

Todo comenzó a principios de abril de 2014 y, a casi diez años, este está concluyendo. Cada poema tenía consigo un propósito y era el de ser escuchado, el de ser recordado, el de ser orgullosamente honrado. Es mucho pueblo para en un poema decirlo, pero lo expresado en ello es para que la historia no se pierda y así el estado de Hidalgo no esté condenado a repetirlo. La investigación fue extensa y por mucho que exista algún parecido, es que en realidad cada municipio tiene su toque, su originalidad, pero de latidos compartidos.

Al ir conociendo mi estado por medio de visitas o de investigaciones, aquel sentimiento de venganza fue desapareciendo, más bien no se trataba de un arrebato, se trataba de que al conocer a detalle cada relato, historia o suceso, mi trabajo principalmente sería el de hacer justicia por cada uno de mis hermanos que en cada suceso de la historia del país fueron partícipes y que lamentablemente a veces parecen olvidados. Justicia, amor y respeto por mi pueblo del que orgullosamente soy originario. En alguna ocasión, algún fulano trató de intimidarme gritándome a la cara que era un indio otomí, burlándose de que debería traer alguna especie de «taparrabo» y que además debería agradecerles a los europeos que a nuestro idioma transformaron, que nos civilizaron, que nos actualizaron. Con todo eso, la sangre caliente me hervía en mi torrente, evidentemente aquel pseudopolítico no era más que un ignorante, un vulgar arrogante. Así que, mirándole a los ojos como hacen los valientes, solo alcancé a decirle: «Lamento decepcionarle, pero también me enorgullece hacerlo, lo otomí corre en mi sangre, como también el sufrimiento de mi pueblo. Qué más daría por ser un legítimo nativo de mi patria y por ello lo decepciono, porque mientras usted honra al europeo, yo le maldigo sus atroces actos y escúcheme, me ha de alcanzar la vida para maldecirles a ellos por lo que le hicieron a mi pueblo, y a usted por venerarlos».

Si ser de México es un orgullo, imagínense ser de Hidalgo...

Existe un tema musical que me mueve bastante y que me atrevo a recomendar, se llama «La maldición de la malinche» y digo recomiendo por el sentido que esta creación musical transmite, nada fuera de la realidad. ¿Cuál es el trabajo o compromiso entonces derivado de esto? Es simple: salvar del olvido a nuestras costumbres, honrar nuestro pasado y cuidarlo, amar e incluir a nuestros pueblos originarios. Andrés Manuel López Obrador es y ha sido un luchador social que quizá solo se da cada cien años, y es el mismo quien nos ha dado ejemplo del amor al pueblo, a sus raíces y a su historia. Por ello y como ejemplo es que este poemario se dedica a su memoria sin ningún otro afán que solo el reconocimiento por lo que representa como humano, ideólogo y político al mostrar ser un gobierno plural e inclusivo, que gobierna para todos sin distinción de clases o colores partidistas, sin clasismo ni racismo, mas sin embargo con un amor inmenso a todos y cada uno de los mexicanos.

En este poemario se cuidó extremadamente la veracidad de los hechos importantes de cada municipio, aun cuando debo confesar que es muy rica y diversa la historia de cada uno de los 84 municipios que conforman al estado de Hidalgo y que tratar de resumir todo en un solo poema es imposible. Por ello extiendo una enorme disculpa para cada uno de ellos por no haber colocado algún hecho importante a considerar de quienes conocen su tierra. Cada poema resalta lo hermoso, lo culinario, lo heroico y lo silvestre de cada lugar, honrando que nuestro estado es el único del país que puede tener todos los parajes hermosos que incluso en el mundo se pueden encontrar. Fue una tarea difícil que de no ser por la ayuda de mi padre quizá esto habría demorado más tiempo del que se había planeado. Visitar cada municipio, recabar la información y, sobre todo, contagiarse de ese calor de cada pueblo, de cada lugar, de cada paisaje, es en la labor del poeta algo vital, vital e importante. Haciendo uso de mi ideal juré volver a cada pueblo, a cada municipio, pero ya no como el poeta viajero, sino como el hijo perdido que busca el cobijo, el amor y el cariño de esa gente que de verdad es hermosa y que con su aprecio demuestra tanto. Triste fue ver lo que el régimen en casi cien años hizo en nuestra gente, pero saben, es mucho pueblo para que la tiranía pudiera triunfar. La miseria, el olvido, aún están presentes en cada rincón y, pese a que ahora existe la izquierda en lo estatal, es de sabios reconocer que en un solo periodo esto se pueda terminar. Es una tarea difícil pero no imposible de lograr. «Primero los pobres» es el lema de nuestro líder social y como muestra de ello es que logró al barco enderezar. No está perdido el rumbo y en las manos de nosotros está salvar nuestra cultura.

Cada poema relata, de manera personal, el manifiesto de darle vida propia al municipio al que se dedica, no sin antes mencionar que, por cuestiones de ideología y de la congruencia de esta con mis hechos, no se menciona ningún centro religioso. Es de reconocer su belleza, pero de dolosa procedencia. Por ello, y por respeto a mi pueblo, no se menciona ninguna iglesia. Miles de mis hermanos sucumbieron al crear con sus humildes y artísticas manos aquellos palacios de diversos estilos. El tirano conquistador no merece un solo recuerdo en aprobación por la sangre que derramó de este pueblo al someterlo a su creencia convenenciera, que justificaba el genocidio para poder saquear los bienes de la nación. Hidalgo es, por mucho, un pedacito de patria que en los latidos de cada mexicano prevalecerá como ejemplo de valor, de unión, de lucha y de orgullo. Debo aclarar que esto no es en contra de ninguna institución religiosa, ni mucho menos para incitar el odio que los conservadores derechistas de la patria bien saben usar y aplicar. Es simplemente el reconocimiento de aquellos héroes olvidados que, como juramento, me he propuesto que mientras mis letras vivan, orgulloso he de representar.

Sin embargo, debo decir que, por amor a mi patria, ¡ni perdón ni olvido! Ya que en cada poema estoy seguro de que la razón han de encontrar. El neoliberalismo ha tratado arduamente de arrebatarnos el orgullo nacional, el amor a nuestro pueblo, a nuestras raíces, a nuestras costumbres, a nuestra cultura, pero como dije, somos mucho pueblo para que esto suceda y, mientras existamos, la diferencia se debe notar, se debe ver. Como cierre, te dejo este pequeño poema que escribí apenas se aprobaban las reformas energéticas que vendían el petróleo a empresas extranjeras de las que terminaban siendo socios en el gobierno antecesor a la cuarta transformación. No lo olvides, mexicano, la patria no se vende, no se le roba y no se le traiciona... ¡Viva México!

*Malditos y mil veces malditos.*
*Aquellos que traicionen y vendan al pueblo.*
*Malditos sean, lo repito.*
*Por vender su Patria, por vender su suelo…*

**José Luis Trejo García «Tommy»**

# Referencias

Colaboración Universidad Autonoma del Estado de Hidalgo. (Marzo de 2006). *Canto de sol Hidalgo Tierra, Historia, gente*. Mexico D.F.: Amalgama S.A. de C.V.

Hidalgo en las venas

xantolo